ANKE KRISAM

STUNDENBILDER
für den
GRUNDSCHULSPORT und SPORTFÖRDERUNTERRICHT

- Gerätebahnen mit Bewegungsgeschichten - Stationstraining - alternative Sportgeräte
- beliebte kleine Sportspiele

Skizzen: Michael Krisam
Karikaturen: Anett Weiß

ISBN 3-89291-896-1

Holzhackergruß:
Zwei Kinder stehen sich gegenüber und geben sich die rechte Hand. Kind A legt seine linke Hand auf die rechte Schulter von Kind B. Kind B legt seine linke Hand auf die rechte Schulter von Kind A. Die rechten Hände machen nun eine kräftige Sägebewegung

Doppelwippe:
Zwei Kinder stehen sich gegenüber. Rumpfbeuge vorwärts. Jedes Kind legt seine Hände auf die Schultern des Gegenüber.
- Gemeinsames tiefes Wippen hoch und nieder

Schulterdehnung:
Zwei Kinder stehen Rücken an Rücken, Schrittstellung
- Die Kinder geben sich die Hände in Hochhalte. Nun bewegt sich jedes Kind nach vorne
- Wie oben, aber die Arme sind in Seithalte
- Wie oben, aber mit großem Ausfallschritt

Zwei Kinder sitzen Rücken an Rücken, die Arme in Hochhalte. Die Kinder geben sich die Hände.
- Ein Kind beugt sich leicht nach vorne und zieht seine Arme nach vorne, das andere Kind hält leicht dagegen
- Umgekehrt

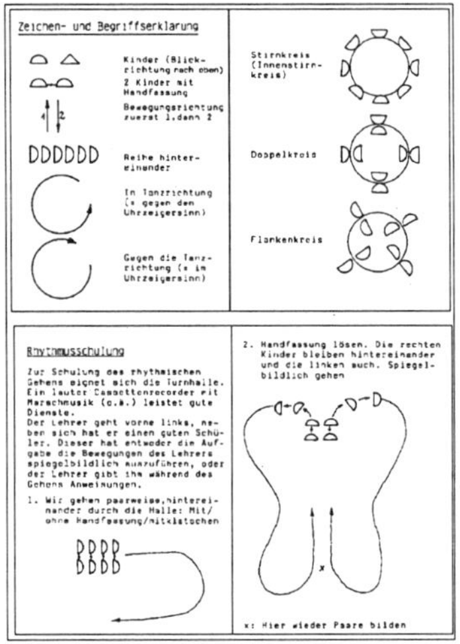

Zeichen- und Begriffserklärung

Kinder (Blickrichtung nach oben)
2 Kinder mit Handfassung
Bewegungsrichtung zuerst 1, dann 2
Reihe hintereinander
In Tanzrichtung (= gegen den Uhrzeigersinn)
Gegen die Tanzrichtung (= im Uhrzeigersinn)
Stirnkreis (Innenstirnkreis)
Doppelkreis
Flankenkreis

Rhythmusschulung

Zur Schulung des rhythmischen Gehens eignet sich die Turnhalle. Ein lauter Cassettenrecorder mit Marschmusik (o.ä.) leistet gute Dienste.
Der Lehrer geht vorne links, neben sich hat er einen guten Schüler. Dieser hat entweder die Aufgabe die Bewegungen des Lehrers spiegelbildlich auszuführen, oder der Lehrer gibt ihm während des Gehens Anweisungen.

1. Wir gehen paarweise, hintereinander durch die Halle: Mit/ohne Handfassung/mitklatschen
2. Handfassung lösen. Die rechten Kinder bleiben hintereinander und die linken auch. Spiegelbildlich gehen

x: Hier wieder Paare bilden

Inhaltsübersicht:

Zeichen und Begriffserklärung

Übungen ohne Geräte

Übungen für Arme und Schultern - Übungen für die Beine - Übungen für den Rumpf

Übungen mit Geräten

Übungen mit dem Reifen - Übungen mit dem Sprungseil - Übungen mit dem Gymnastikball: Rollen des Balles - Übungen mit dem Gymnastikball: Prellen des Balles - Übungen mit dem Gymnastikball: Werfen und halten - Übungen mit dem Stab - Übungen mit dem Medizinball -Übungen an der Sprossenwand - Übungen mit der Langbank

Gymnastik für den Stundenwechsel

Tanz

Zeichen- und Begriffserklärung

Rhythmusschulung - Grün sind alle meine Kleider - Brüderchen, komm tanz mit mir - Trarira, der Sommer, der ist da - Wer will fleißige Handwerker sehn? - Ein Hut, ein Stock, ein Regenschirm - Im Frühtau zu Berge - Wem Gott will rechte Gunst erweisen - Lasst uns jetzt ins Freie gehn - Schneid o, scheid o - Siebenschritt

Sport 3./4. Bd. III

Nr. 197 *92 Seiten* €13,50

Frezbee: Die Schüler lassen ihre Bierdeckel wie Frezbeescheiben durch die Halle fliegen		Geschicklichkeit, Wurfgefühl
Balancieren: Die Bierdeckel werden mit den verschiedensten Korperteilen (auch über Hindernisse) balanciert (Kopf, Finger, Ellbogen, Schulter,...)		Balancierfähigkeit, Körperspannung
Wetthüpfen: Die Schüler klemmen sich einen Bierdeckel in die Kniekehle und hüpfen auf dem anderen Bein um die Wette, ohne den Bierdeckel zu verlieren (auch als Staffel mögl.)	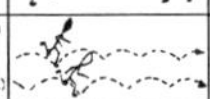	Gleichgewichtsfähigkeit, Kräftigung der Beinmuskulatur, Geschicklichkeit
Zielwerfen: Die Schüler versuchen durch geschicktes Werfen des Bierdeckels ein bestimmtes Ziel aus vorgegebener Entfernung zu treffen	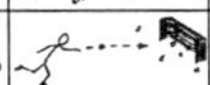	Auge-Hand-Koordination, Wurfgeschicklichkeit, Kräftigung der Armmuskulatur
Schlittschuhfahren: Die Schüler versuchen sich mit je einem Bierdeckel unter den Füßen fortzubewegen (gleiten)	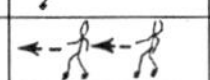	Gleitfähigkeit, Kräftigung der Beinmuskulatur
Hund auf Schlittschuhen: Die Schüler versuchen sich mit je einem Bierdeckel unter den Füßen und unter den Händen fortzubewegen	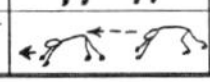	Kräftigung der Arm- und Beinmuskulatur, Geschicklichkeit

Inhaltsübersicht:

Zeichenerklärung

Orientierung im Raum

Schlüsselverstecken - Reise nach Jerusalem - Blinder Bär - Flohhüpfen - Verkehrspolizist - Bänderfangen - Storch und Frösche - Ein, zwei, drei - Reifenklau - Fischfang

Fangspiele

Piratenlauf - Fuchsjagd - Verzaubern - Seiltreten - Saal ausräumen - Schutzmann und Dieb - Verfolgungsklettern - Piratenschiff - Räuber und Nonnen - Zeitfangen - Der König schickt Soldaten aus - Schlaglaufen - Affen und Leoparden

Kraft- und Geschicklichkeitsspiele

Die Retter kommen - Tierlaufen - Ziehspiele I - Ziehspiele II - Schiebespiele - Kreissprengen - Grenzkampf - Staffelrundlauf - Viererrennen - Sternlaufen - Nummernlaufen - Zwergenrennen

Ballspiele

Wanderball - Kastenball - Raufball - Keulen hüten - Reifenstechen - Treibball - Fußballtennis - Prellball - Halte deine Hälfte sauber - Wettwanderball in der Gasse - Stafettenball mit Ablösen - Tigerball - Hetzball - Burgball - Völkerball verkehrt - Wanderball Fußball: Passen I - Fußball: Passen II - Fußball: Passen und dribbeln - Fußball: Einwurf und Kopfball - Kleine Fußballspiele - Fußballregeln

Basketball: Beidhändiger Druckpass - Basketball: Korbwurf - Basketball: Dribbeln - Basketballregeln

Handball: Kernwurf - Handball: Passen und fangen - Handballregeln

Besonders lustige Spiele

Hu-tu-tu - Blaseball - Streichholzschachtelrennen - Zehnerlwandern - Cowboylauf - Knochenverbieger - Das Schuhspiel - Alpenländischer Tanz - Blindes Tauziehen - Blindes Ballrollen - Keulensteigen - Aufstehen - Kerzenblasen - Kerzenrennen - Schuhhockey - Zündholzrennen - Die schwebende Zeitung

Sport 3./4. Bd. IV

Nr. 198 *136 Seiten* € 15,90

pb verlag®

<u>Stand</u> der Preise 2002 - Bitte beachten Sie unsere aktuelle Preisliste!

pb verlag®

Vorwort

„Mens sana in corpore sano" - „nur in einem gesunden Körper lebt ein gesunder Geist"

Nicht nur zur Zeit Juvenals galt dieser Grundsatz, sondern auch heute glaubt man an das enge Wechselverhältnis zwischen der körperlichen und geistig-seelischen Entwicklung. Betrachtet man jedoch den Gesundheitszustand unserer Schulkinder, so wird man erkennen, daß Haltungsschwächen, motorische Auffälligkeiten, Übergewicht und ein schwaches Herz-Kreislaufsystem keine Seltenheit mehr sind.

Wir Grundschullehrer sind immer mehr gefordert, diesen Tendenzen wirkungsvoll entgegenzutreten und nicht nur das kognitive Lernen in den Vordergrund zu stellen, sondern Körper und Geist gleichermaßen zu bilden.
Zwei Sportstunden pro Woche sind wahrlich knapp bemessen um dieser Forderung Rechnung zu tragen. Umso mehr gilt es jedoch diese kurze Zeit sinnvoll und intensiv zu nutzen.

Mein Anliegen ist es, Ihnen mit diesem Buch vielfältige Spiel-, Übungs- und Bewegungsformen darzulegen. Denn nicht das eintönige Laufen, Werfen und Springen, sondern Abwechslung in der Bewegungsausführung macht den Sportunterricht interessant und ermöglicht es Kindern vielseitige Bewegungs- und Wahrnehmungserfahrungen zu machen. Für das motorische Lernen ist das Grundschulalter zudem bestens geeignet. Die Kinder dieses Alters nehmen neue Bewegungsabläufe äußerst schnell auf, sie sind begeisterungsfähig und haben in der Regel ein großes Bewegungsbedürfnis.
Sowohl große als auch kleine Sportgeräte haben für Schüler schon Aufforderungscharakter genug, um kreativ und freudvoll damit umzugehen.

Zusätzlich zu den herkömmlichen Klein- und Großgeräten gibt es eine Vielzahl alternativer Sportgeräte. Gebrauchsmaterialien wie Bierdeckel, Joghurtbecher, Bananenkisten, Korken usw. bieten vielseitige Möglichkeiten für eine experimentierende Auseinandersetzung. Sie sind für Kinder attraktiv und motivierend. Zudem sind sie leicht zu besorgen und bieten jenen Lehrern an schlecht ausgestatteten Schulen die Möglichkeit, mit etwas Eigeninitiative kostengünstiges Material zu beschaffen und damit einen abwechslungsreichen Sportunterricht zu gestalten.
Im ersten Kapitel dieses Buches werden zahlreiche Spiele und Übungsformen mit ihnen vorgestellt.
Das Kapitel II (Stationstraining) zeigt den vielfältigen Einsatz und die Kombinationsmöglichkeiten von großen, kleinen und alternativen Sportgeräten, um Kraft, Ausdauer und Koordination in gezielter Weise zu schulen. Genauere Hinweise zur Durchführung des Zirkels sind den Vorbemerkungen zum Stationstraining zu entnehmen.
Auch im dritten Kapitel (Gerätebahnen mit Bewegungsgeschichten) wird die Einsatzfülle von Sportgeräten deutlich. Im Gegensatz zum Zirkel werden die aufgebauten Geräte in einem Fluß ständig überwunden, ohne länger an einem Gerät zu verweilen (Genauere Hinweise: siehe Vorbemerkungen zu den Gerätebahnen).
Wobei Geräte nicht gleich Geräte sind. Hier überklettern die Schüler „Berge“, durchkriechen „Höhlen“, steigen auf „Palmen“, springen über „Eisschollen“ und erleben andere spannende Geschichten. Sie merken vor lauter Fantasie und Abenteuer kaum noch die Anstrengung des Sports.
Das letzte Kapitel beschreibt beliebte kleine Sportspiele. Sie können zum Aufwärmen oder Stundenausklang verwendet werden, für reine Sportspielstunden, oder auch am Wandertag gespielt werden.

Jetzt bleibt mir nur noch Ihnen viel Spaß beim Sporteln mit den Kinder zu wünschen.

Die Autorin

Inhaltsverzeichnis

I. Spiele und Übungsformen mit alternativen Sportgeräten

II. Stationentraining (Zirkel)

III. Gerätebahnen mit Bewegungsgeschichten

IV. Beliebte kleine Sportspiele

I. Spiele und Übungsformen mit alternativen Sportgeräten

Thema: Spiele und Übungsformen mit der Zeitung

Geräte: Zeitungsbögen im Klassensatz

Inhalt	Hinweise/Organisation	Feinziele
Erwärmung		
freies Bewegen mit einem Zeitungsblatt		Kreativität
Autoralley: die Schüler laufen durch die Halle; auf Zuruf des Lehrers „Parkplatzsuche“ stellen sich immer zwei Schüler auf eine der ausgelegten Zeitungsbögen (Anzahl der Zeitungsbögen kann variieren)		Reaktion, Wahrnehmung, Orientierung, Anpassung, Ausdauer
Leistungsphase		
Zeitungaustragen: die Schüler versuchen auf unterschiedlichste Weise die Zeitung zu transportieren; es ist alles erlaubt, mit Außnahme die Zeitung mit den Händen zu tragen (balancieren, anpressen, schieben,...)		Kreativität, Spontanität
Rollerfahren: die Schüler stellen sich mit einem Bein auf ein Zeitungsblatt und schieben mit dem anderen Bein an (besonders für Hallen mit Pakettboden geeignet!)		Kräftigung der Beinmuskulatur

Kanufahren: die Schüler knien sich auf ein Zeitungsblatt und ziehen sich mit den Armen voran (Pakettboden!)		Kräftigung der Armmuskulatur
Schubkarrenfahren: ein Schüler stützt sich mit den Händen auf ein Zeitungsblatt, ein anderer Schüler hebt ihn an den Oberschenkeln hoch und schiebt ihn an (Pakettboden!)		Kräftigung der Armmuskulatur, Körberspannung
Kontaktkleber: zwei Schüler sind durch Anpressen eines Zeitungsblattes miteinander verbunden (Körperteil frei wählbar) und müssen sich nun fortbewegen, ohne das Zeitungsblatt zu verlieren (auch als Staffel möglich)		Kreativität, Anpassungsfähigkeit an Partner und Gerät (Zeitung)
Schlittschuhfahren: die Schüler bewegen sich mit je einem Zeitungsblatt unter den Füßen fort; auf ein Signal des Lehrers (z.B. Musikstopp) erfolgt ein „Schlittschuhtausch" mit einem beliebigen Mitschüler (Pakettboden!)		Gleitfähigkeit, Reaktionsfähigkeit, Orientierung, Kräftigung der Beinmuskulatur
fallende Blätter: der Schüler wirft sein Zeitungsblatt in die Höhe und läßt sich im gleichen Tempo wie sein Zeitungsblatt zu Boden sinken und bleibt schließlich neben seiner Zeitung liegen	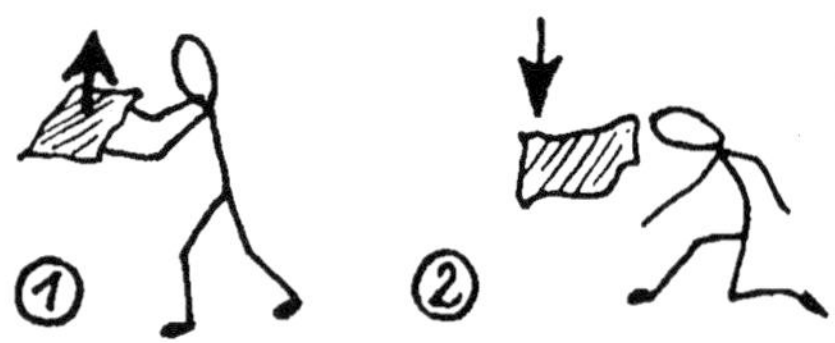	Spannungs- und Entspannungsfähigkeit, Anpassung an das Gerät (Zeitung), Wahrnehmungsfähigkeit

Fechtkampf: zwei Schüler führen mit einer zusammengerollten Zeitung einen „Fechtkampf“ durch (Variation: versuchen sich gegenseitig auf den Po zu schlagen)	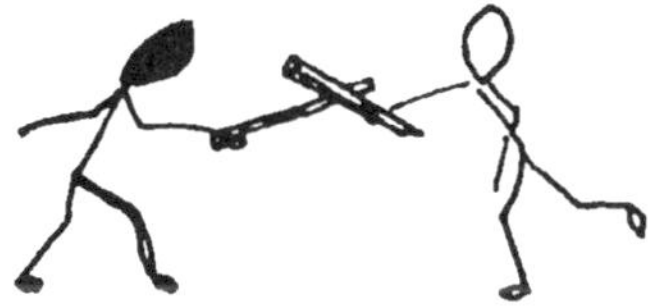	Reaktionsfähigkeit
Blindenführung: ein Schüler führt einen Mitschüler mit einer zusammengerollten Zeitung durch die Halle		Vertrauen, Anpassung an die Mitschüler, verantwortungsbewußtes Verhalten
Abschlagen: ein Schüler versucht mit einer zusammengerollten Zeitung möglichst viele Mitschüler abzuschlagen		Schnelligkeit, Orientierungsfähigkeit, Reaktionsfähigkeit
Zeitungskneule: die Zeitungsblätter werden von den Schülern mit den Füßen zerrissen und mit den Händen zu Kneulen geformt; - die Schüler versuchen einen Zeitungskneul mit der flachen Hand immer wieder in die Luft zu schlagen - die Schüler versuchen die Kneule aus einem vorgegebenen Abstand in einen Korb zu werfen		Fußgeschicklichkeit, Auge-Hand-Koordination, Geschicklichkeit, Wahrnehmungsfähigkeit, Zielsicherheit

Ausklang		
Schneeballschlacht: zwei Mannschaften bewerfen sich gegenseitig mit Zeitungskneulen	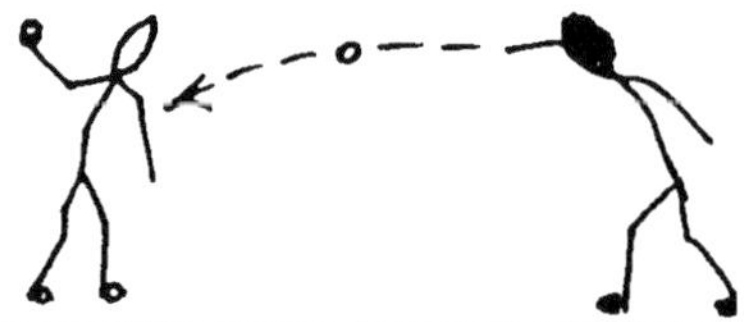	Reaktion, Wahrnehmung, Zielsicherheit
Aufräumstaffel: zwei Mannschaften kämpfen in einer Umkehrstaffel gegeneinander; der Läufer muß dabei durch die Halle laufen und so viele Kneule, wie er tragen kann einsammeln und bei seiner Mannschaft in einem Korb ablegen; dann läuft der zweite Schüler usw.; Welche Mannschaft hat nach einem Durchgang den größeren Zeitungskneulberg?		Schnelligkeit, persönl. Einschätzungsvermögen, Geschicklichkeit

Thema: Spiele und Übungsformen mit Bierdeckeln

Geräte: ca. 40 auf einer Seite bemalte Bierdeckel

Inhalt	Hinweise/Organisation	Feinziele
Erwärmung		
freies Bewegen mit dem Bierdeckel		Kreativität
Platzsuchspiel: in der Halle liegen Bierdeckel aus; die Schüler laufen nach Musik durch die Halle; stopt die Musik, so sucht sich jeder Schüler schnell einen Bierdeckel und berührt diesen mit einem vorgegebenen Körperteil (Ellbogen, Hand, Fuß, Stirn, Knie, ...)		Reaktion, Wahrnehmung, Orientierung, Anpassung, Ausdauer
Leistungsphase		
Hüpfbahn: Die Schüler versuchen auf einem Bein über eine ausgelegte Bierdeckelbahn zu springen (Wer schafft es, ohne mit dem anderen Bein den Boden zu berühren?)		Gleichgewichtsfähigkeit, Kräftigung der Bein-muskulatur
Wettlauf mit dem Bierdeckel: Die Schüler rollen ihren Bierdeckel durch die Halle, laufen ihm nach und müssen ihn aufheben, bevor er umkippt (nur mit runden Bierdeckeln möglich)		Schnelligkeit,Reaktion, Einschätzungsvermögen

Frezbee: Die Schüler lassen ihre Bierdeckel wie Frezbeescheiben durch die Halle fliegen	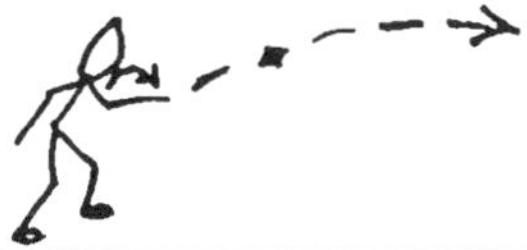	Geschicklichkeit, Wurfgefühl
Balancieren: Die Bierdeckel werden mit den verschiedensten Körperteilen (auch über Hindernisse) balanciert (Kopf, Finger, Ellbogen, Schulter,...)		Balancierfähigkeit, Körperspannung
Wetthüpfen: Die Schüler klemmen sich einen Bierdeckel in die Kniekehle und hüpfen auf dem anderen Bein um die Wette, ohne den Bierdeckel zu verlieren (auch als Staffel mögl.)		Gleichgewichtsfähigkeit, Kräftigung der Beinmuskulatur, Geschicklichkeit
Zielwerfen: Die Schüler versuchen durch geschicktes Werfen des Bierdeckels ein bestimmtes Ziel aus vorgegebener Entfernung zu treffen	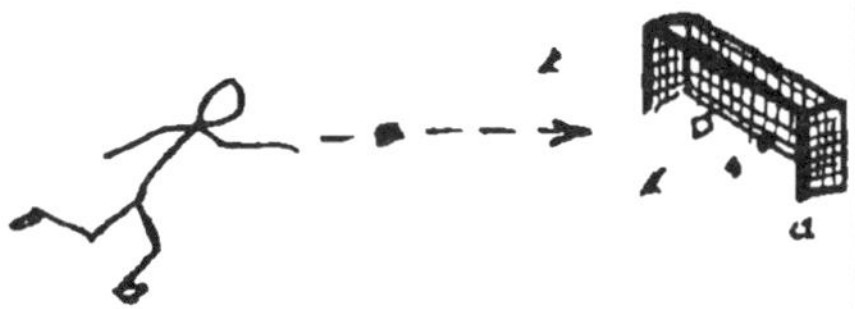	Auge-Hand-Koordination, Wurfgeschicklichkeit, Kräftigung der Armmuskulatur
Schlittschuhfahren: Die Schüler versuchen sich mit je einem Bierdeckel unter den Füßen fortzubewegen (gleiten)	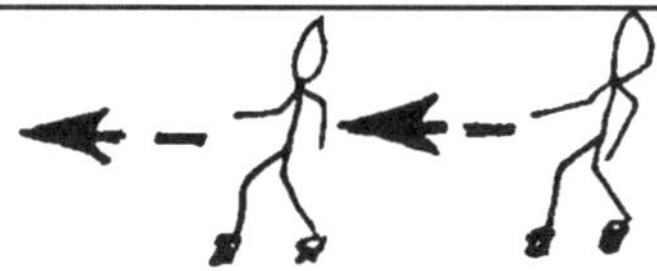	Gleitfähigkeit, Kräftigung der Beinmuskulatur
Hund auf Schlittschuhen: Die Schüler versuchen sich mit je einem Bierdeckel unter den Füßen und unter den Händen fortzubewegen	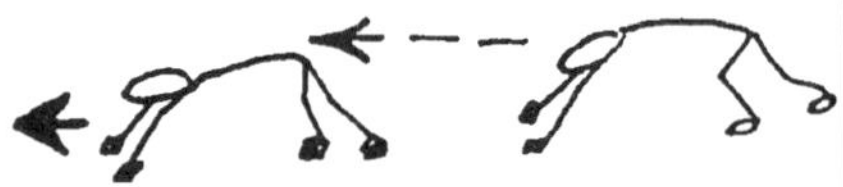	Kräftigung der Arm- und Beinmuskulatur, Geschicklichkeit

Statue: Es werden verschiedene Standpositionen auf einem Bierdeckel eingenommen Einbeinstand, Standwaage, Einbeinhocke, ...)	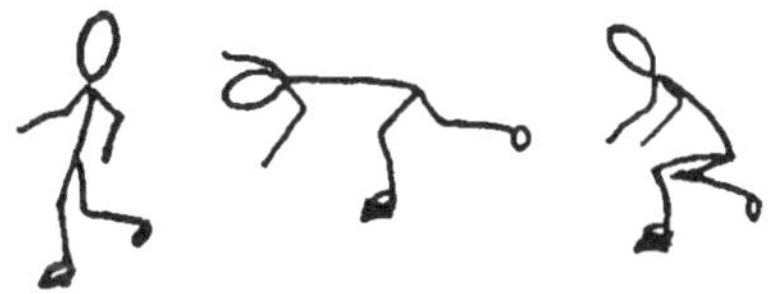	Spannungs-und Entspannungsfähigkeit, Kräftigung der Beinmuskulatur
Ausklang		
Bierdeckeldrehen: ca.40 auf einer Seite bemalte Bierdeckel werden in der Halle ausgelegt (die Hälfte aller Bierdeckel mit der farbigen Seite nach oben); nun kämpfen zwei Mannschaften gegeneinander, indem die eine Mannschaft durch die Halle läuft und versucht alle Bierdeckel auf die farbige Seite zu drehen; die andere Mannschaft versucht jedoch gleichzeitig alle Bierdeckel auf die weiße Seite zu drehen (Zeitrahmen vorgeben!); am Ende werden die farbigen und die weißen Bierdeckel gezählt		Ausdauer, Reaktion, Schnelligkeit
Haltet die Kiste frei: alle Bierdeckel liegen in einer Kiste; 2 Schüler werfen die Bierdeckel aus der Kiste, alle anderen Schüler sammeln die verstreuten Bierdeckel wieder ein und versuchen die Kiste zu füllen; gelingt es den beiden Schülern die Kiste für einen kurzen Moment frei zu machen, so haben sie gegen alle anderen gewonnen		Ausdauer, Reaktion, Schnelligkeit, Kräftigung der Armmuskulatur

<table>
<tr>
<td>Versteinert: alle Schüler gehen mit einem Bierdeckel auf dem Kopf durch die Halle; verliert ein Schüler seinen Bierdeckel, so muß er wie versteinert stehenbleiben; ein anderer Schüler kann ihn befreien, indem er sich vorsichtig bückt, den Bierdeckel wieder aufhebt und seinem versteinerten Mitschüler auf den Kopf legt</td>
<td></td>
<td>Spannungs- und Entspannungsfähigkeit, Balancierfähigkeit, Kooperation</td>
</tr>
<tr>
<td>Hüpfspiel: alle Schüler stehen im Viereck und bekommen vom Lehrer eine Nummer zugewiesen; in der Mitte des gebildeten Vierecks liegen zahlreiche Bierdeckel verteilt; beim Aufruf einer Nummer müssen die jeweiligen Schüler auf einem Bein über die Bierdeckel hüpfen, ohne sich gegenseitig zu berühren und dabei von ihrer Seite zu der gegenüberliegenden wechseln (Variation: Anzahl der Bierdeckel angeben mit der die gegenüberliegende Seite erreicht werden muß; Känguruhhüpfen, d.h. beide Füße müssen je einen Bierdeckel treffen; Vierfüßlergang oder Krebsgang)</td>
<td></td>
<td>Kräftigung der Beinmuskulatur, Reaktion, Wahrnehmungsfähigkeit, Anpassung an Mitschüler</td>
</tr>
<tr>
<td colspan="3">Hinweis: Weitere Spiele mit Bierdeckeln: „Postbote“ und „Spardose“
(siehe Kapitel IV: Beliebte kleine Sportspiele)</td>
</tr>
</table>

Thema: Spiele und Übungsformen mit dem Luftballon		
Geräte: Luftballons im Klassensatz		
Inhalt	**Hinweise/Organisation**	**Feinziele**
Erwärmung		
freies Bewegen mit dem Luftballon auf Musik		Kreativität, Ballgefühl
Luftballonfangsti: ein Schüler (der Luftballonfänger) versucht seine Mitschüler mit einem Luftballon abzuschlagen; gelingt ihm das, so bekommt der abgeschlagene Schüler den Luftballon und wird zum neuen Fänger		Reaktion, Schnelligkeit, Wahrnehmung, Ausdauer
Leistungsphase		
Luftballon flieg: der Schüler schlägt einen Luftballon mit einem vorgegebenen Körperteil immer wieder in die Luft (Kopf, Hand, Ellbogen, Knie, Finger,...)		Ballgefühl, Umstellungsfähigkeit, Auge-Hand-Koordination
Kreisel: der Schüler schlägt den Luftballon nach oben, dreht sich um die eigene Achse und versucht den Luftballon wieder aufzufangen (Drehung in die andere Richtung, Doppeldrehung,...)	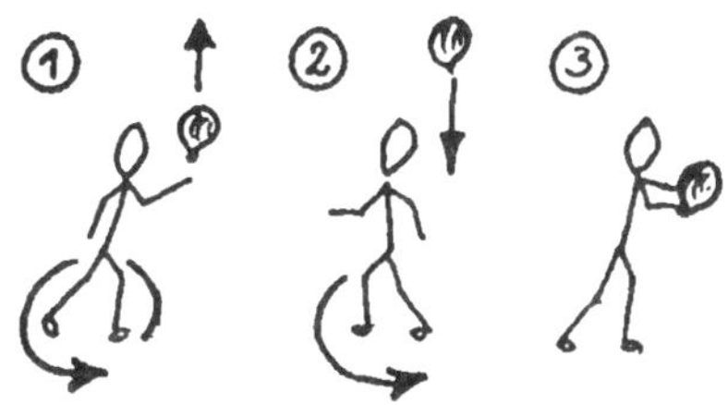	Orientierungsfähigkeit, Ballgefühl, Zeitgefühl

Fußball: ein auf dem Boden liegender Luftballon wird mit dem Fuß hochgespielt und gefangen		Fußgeschicklichkeit
Siamesische Zwillinge: zwei Schüler, die sich an den Händen halten, versuchen zwei Luftballons mit Schlägen in der Luft zu halten, ohne die Hände zu lösen (3 Luftballons für gute Schüler)		Anpassung an den Partner, Ballgefühl, Auge-Hand-Koordination, Zeitgefühl, Reaktion, Ausdauer, Kräftigung der Armmuskulatur
Vier gegen zwei: zwei Schüler versuchen ohne Handfassung vier, evtl. auch fünf Luftballons mit Schlägen in der Luft zu halten		Ausdauer, Reaktion, Zeitgefühl, Ballgefühl, Kräftigung der Armmuskulatur
Balancieren: der Luftballon wird mit verschiedenen vorgegebenen Körperteilen balanciert (Kopf, Finger, Ellbogen,...) Wer schafft es am längsten, ohne den Luftballon zu verlieren?		Balancierfähigkeit, Körperspannung

Ping Pong: Zwei Schüler spielen sich einen Luftballon gegenseitig zu (auch mit zwei Luftballons möglich)	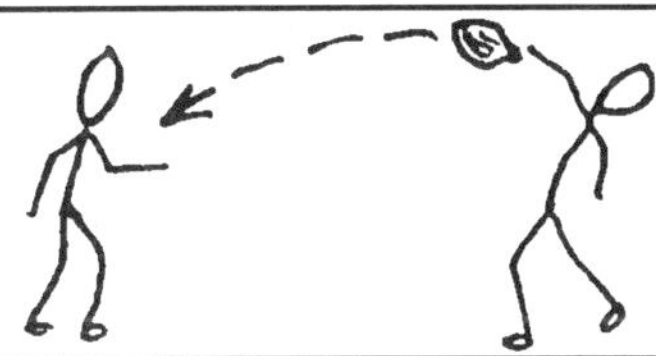	Ballgefühl, Kräftigung der Armmuskulatur
Luftballontransport: ein Luftballon wird zwischen zwei Schülern eingeklemmt (verschiedenen Körperteile möglich); diese versuchen sich nun fortzubewegen ohne den Luftballon zu verlieren (auch als Staffel möglich)		Anpassung an den Partner und an den Luftballon, Körperspannung, Geschicklichkeit
Luftballonschlange: ca. 10 Schüler stehen in einer Reihe hintereinander; zwischen die Schüler wird jeweils ein Luftballon geklemmt; die ganze Schlange versucht sich nun fortzubewegen, ohne die Luftballons festzuhalten		Anpassung an die Mitschüler und den Luftballon, Geschicklichkeit
Beinklemme: die Schüler klemmen sich einen Luftballon zwischen die Beine und versuchen sich so fortzubewegen (auch als Staffel möglich)		Kräftigung der Beinmuskulatur, Geschicklichkeit

Ausklang		
Schüler gegen Luftballons: in einer mit Langbänken abgeteilten Hallenseite (Spielfeldmarkierung) bewegen sich alle Schüler frei und versuchen gemeinsam ca. 30 Luftballons mit Schlägen in der Luft zu halten; kein Ballon darf den Boden berühren oder aus dem Spielfeld hinausfliegen		Ausdauer, Reaktion, Kräftigung der Armmuskulatur, Wahrnehmung, Anpassung an die Mitschüler, Orientierung, Ballgefühl
Luftballontanz: alle Schüler bekommen einen Luftballon um den Fuß gebunden; auf Musik wird nun getanzt, dabei versucht jeder Schüler die Luftballons seiner Mitschüler zu zertreten und seinen eigenen zu retten		Schnelligkeit, Reaktion, Wahrnehmung, Orientierung, Ausdauer

Thema: Spiele und Übungsformen mit dem Joghurtbecher

Geräte: Joghurtbecher und Tischtennisbälle im Klassensatz, einige Tennisbälle

Inhalt	Hinweise/Organisation	Feinziele
Erwärmung		
Slalomlauf: die Schüler laufen auf Musik im Slalom um die Joghurtbecher; bei Musikstopp zeigt der Lehrer mit den Fingern eine Zahl; entsprechend dieser Zahl (z.B. 3) schließen sich die Schüler zusammen und laufen zu dritt hintereinander im Slalom weiter; übriggebliebene Schüler setzen eine Runde aus (Variation: rückwärts laufen, seitwärts laufen)	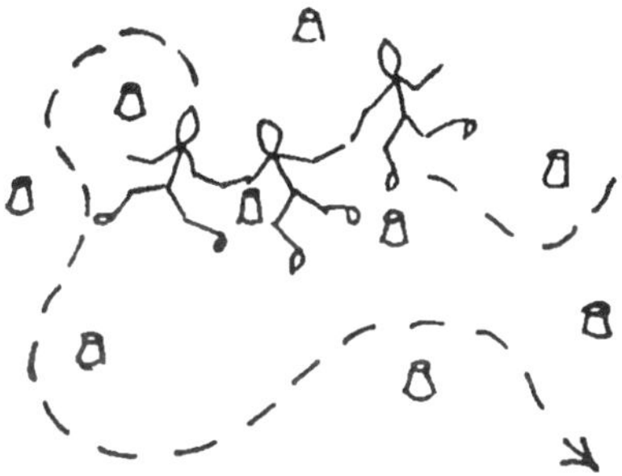	Ausdauer, Reaktion, Wahrnehmung, Orientierung
Leistungsphase		
Balancieren: die Schüler balancieren den Joghurtbecher mit verschiedenen Körperteilen (Kopf, Hand, Ellbogen, Finger); Variation: Überwinden von Hindernissen / verschiedene Fortbewegungsarten		Balancierfähigkeit, Körperspannung
Übersteigen: auf eine umgedrehte Langbank werden Joghurtbecher gestellt; die Schüler versuchen darüber zu balancieren, ohne die Becher zu berühren		Geschicklichkeit, Gleichgewichtsfähigkeit

Kontaktkleber: die Schüler schlüpfen mit ihren Händen in Joghurtbecher und stellen sich im Kreis auf; durch Aneinanderpressen der Becher mit dem Nachbarn wird der Kreis geschlossen; vorsichtig setzt sich der Kreis in Bewegung, ohne den Kontakt zu lösen; auf ein Zeichen des Lehrers erfolgt ein Richtungswechsel		Anpassung an die Mitschüler, Reaktion
Becherpusten: die Schüler stellen ihren Becher auf den Boden und versuchen ihn wegzupusten		Kräftigung der Atemmuskulatur
Fang den Ball: die Schüler werfen einen Tischtennisball in die Luft und versuchen ihn mit einem Joghurtbecher aufzufangen (Variation: gegenseitiges Zuwerfen des Balls)		Auge-Hand-Koordination, Ballgefühl
Mauseloch: der Becher wird auf den Boden gelegt; die Schüler versuchen nun einen Tischtennisball in die Öffnung zu rollen		Geschicklichkeit, Wahrnehmungsfähigkeit
Balltransport: die Schüler versuchen in einer Staffel einen Tischtennisball auf dem äußeren Becherboden zu transportieren (Variation: über Hindernisse)		Geschicklichkeit, Konzentration

Pferdchen: eine Becherbahn wird in einer Staffel im Pferdchensprung übersprungen		Kräftigung der Beinmuskulatur, Rhythmusgefühl
Slalom: ein Tennisball wird in einer Staffel mit der Hand im Slalom um eine Becherbahn gerollt (Variation: mit dem Fuß)		Geschicklichkeit, Ballgefühl
Ausklang		
Kegeln: mehrere Becher werden aufgestellt und von den Schülern mit einem Tennisball gekegelt	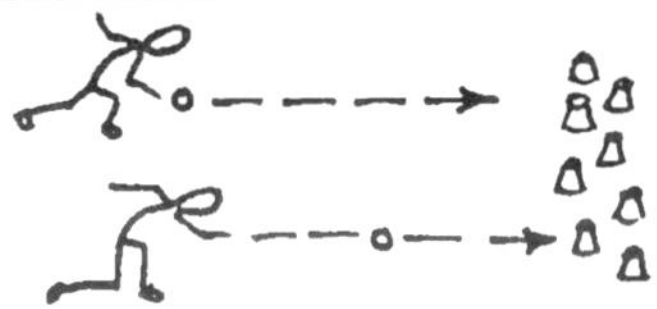	Auge-Handkoordination, Ballgefühl
Wurfbude: in einer Umkehrstaffel laufen die Schüler jeweils mit einem Becher in der Hand zu einem Kasten und bauen auf dem Kasten einen Turm; dieser wird nach Feststellung des Staffelsiegers jeweils von der eigenen Mannschaft mit Tennisbällen abgeworfen		Schnelligkeit, Geschicklichkeit, Wurfkraft, Ballgefühl

Thema: Spiele und Übungsformen mit Bananenkartons		
Geräte: Bananenkartons im Klassensatz		
Inhalt	**Hinweise/Organisation**	**Feinziele**
Erwärmung		
Slalomlauf: die Schüler laufen oder hüpfen auf Musik um aufgestellte Bananenkartons (Variationen: paarweise laufen; mehrere Kinder hintereinander mit einem Anführer; im Hochzehengang; rückwärts; auf allen vieren)		Ausdauer, Anpassung an Mitschüler, Orientierung im Raum
Leistungsphase		
Kistenspringen: die Schüler werden in 4 Gruppen eingeteilt; jede Gruppe stellt sich in eine Hallenecke; in der ganzen Halle werden Bananenkisten aufgestellt; auf Kommando des Lehrers läuft der erste jeder Gruppe diagonal durch die Halle und darf dabei möglichst viele Bananenkartons überspringen; am Ziel angekommen stellt er sich bei der dortigen Gruppe hinten an; nun läuft der zweite jeder Gruppe,...	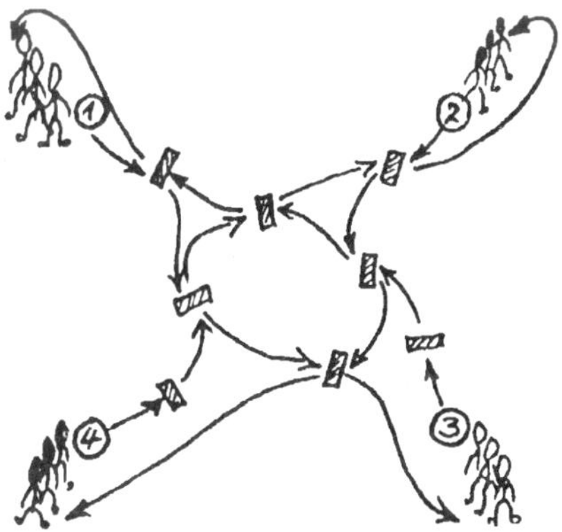	Kräftigung der Beinmuskulatur, Anpassung an die Mitschüler, Einschätzungsvermögen

Rhythmisches Laufen: ca. 10 Bananenkartons werden in gleichen Abständen aufgestellt; die Schüler versuchen nun in einem vorgegebenen Rhythmus die Kisten zu überspringen (3-er oder 5-er Takt)		Rhythmusgefühl, Kräftigung der Beinmuskulatur
Kistentausch: die Schüler laufen mit ihrer Kiste in Hochhalte auf Musik durch die Halle; bei Musikstopp erfolgt ein Kistentausch mit einem beliebigen Mitschüler	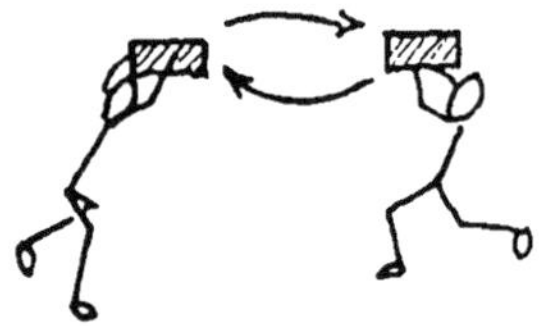	Kräftigung der Arm- und Rückenmuskulatur, Reaktion, Orientierung
Wagenrennen: ein Schüler setzt sich in eine Kiste und läßt sich von zwei Mitschülern an den Händen gefaßt quer durch die Halle ziehen (Variation: ein Schüler schiebt seinen Mitschüler in der Kiste)		Kräftigung der Armmuskulatur
Turmwerfen: alle Schüler bauen mit den Bananenkisten einen Turm, der danach mit Tennisbällen zum Einsturz gebracht wird		Wurfgefühl, Auge-Hand-Koordination

Ausklang		
Brückenwächter: quer durch die Hallenmitte werden Bananenkisten der Reihe nach aufgestellt (Brücke); alle Schüler stellen sich an eine Hallenquerseite; sie sollen nun versuchen durch Überspringen der Bananenkisten bzw. Brücke von einer Hallenseite zur anderen zu gelangen; der Brückenwächter, der immer vor der Brücke steht, versucht dies durch Abschlagen zu verhindern; abgeschlagene Schüler werden ebenfalls Brückenwächter		Schnelligkeit, Reaktion
Befreiungsfahrt: zwei Schüler versuchen ihre davonlaufenden Mitschüler abzuschlagen; abgeschlagene Schüler knien sich in eine auf der Hallenlängsseite aufgestellte Bananenkiste und ziehen sich nun zur gegenüberliegenden Hallenseite; nach dieser Befreiungsfahrt dürfen sie wieder mitspielen Variation: ein noch freier Schüler schiebt den Gefangenen in der Kiste von einer zur anderen Hallenseite, darf aber in diesem Moment nicht abgeschlagen werden		Ausdauer, Schnelligkeit, Reaktion, Wahrnehmung, Orientierung, Kräftigung der Armmuskulatur

Thema: Spiele und Übungsformen mit dem Fallschirm bzw. Schwungtuch

Geräte: ein Fallschirm oder Schwungtuch; 3 - 4 Bälle

Inhalt	Hinweise/Organisation	Feinziele
Erwärmung		
Bettdecke: alle Schüler laufen auf Musik frei durch die Halle; der Fallschirm liegt in der Hallenmitte und darf nicht berührt werden; bei Musikstop laufen die Schüler schnell zum Fallschirm, decken sich mit ihm zu und ruhen sich aus, bis die Musik wieder spielt		Reaktion, Schnelligkeit, Anpassung an die Mitschüler
Richtungswechsel: alle Schüler stehen verteilt um den Fallschirm herum und fassen diesen mit der rechten Hand; der Kreis setzt sich nun langsam in Bewegung und wird immer schneller; auf ein Signal des Lehrer wechseln alle Schüler die Richtung, indem sie den Fallschirm nun mit der linken Hand fassen		Ausdauer, Reaktion, Anpassung an die Mitschüler
Leistungsphase		
U-Boot: die Schüler stehen verteilt um den Fallschirm, fassen ihn mit beiden Händen und wedeln kräftig; ein Schüler oder eine Schülergruppe dürfen als U-Boot eine Runde unter den Wellen krabbeln		Kräftigung der Armmuskulatur

Ballschleudern: alle Schüler wedeln erneut den Fallschirm; der Lehrer wirft 3-4 Bälle auf das Tuch, die durch die Wellenbewegung hoch in die Luft geschleudert werden; die Schüler müssen durch geschickte Bewegungen verhindern, daß die Bälle nach außen springen		Kräftigung der Armmuskulatur, Wahrnehmung, Reaktion
Fallschirmkuppel: alle Schüler stehen im Kreis und fassen den Fallschirm mit beiden Händen; bei Lehrerzuruf „tief" senken alle das Tuch bis zum Boden, bei „hoch" heben sie es so hoch sie können; der Fallschirm bildet dann kurzzeitig eine mit Luft gefüllte Kuppel; einzelne Schüler können dann schnell von einer Fallschirmseite zur anderen wechseln, ehe sich der Fallschirm wieder senkt (z.B. Schüler in vier Gruppen einteilen: „es wechseln Gruppe 1 und 3 die Plätze")	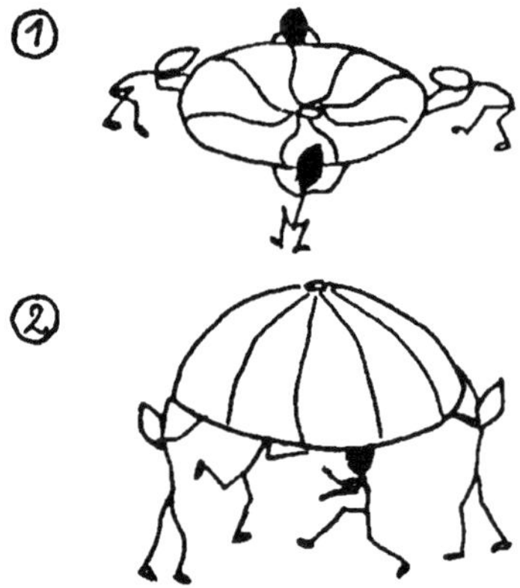	Reaktion, Schnelligkeit, Kräftigung der Rücken- und Armmuskulatur, Anpassung an die Mitschüler
Iglu/Zelt: die Schüler senken und heben erneut den Fallschirm, führen ihn mit gestreckten Armen über den Kopf hinter den Rücken und setzen sich schließlich auf den Fallschirmrand; alle sitzen nun unter der Kuppel wie in einem Iglu	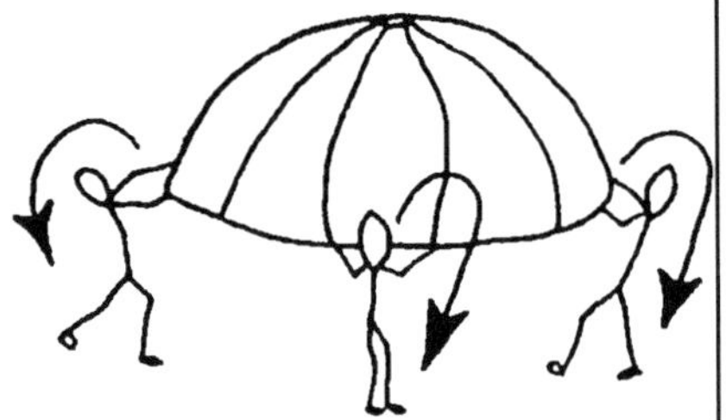	Kräftigung der Rücken- und Armmuskulatur

Zugpferde: eine Schülergruppe setzt sich auf den Fallschirm; alle anderen Schüler ziehen sie durch die Halle; Schülerwechsel		Kräftigung der Armmuskulatur, Gleitgefühl
Ausklang		
Jäger und Hase: alle Schüler fassen den Fallschirm mit der rechten Hand und laufen in eine Richtung; ein Schüler außerhalb des Tuches muß einen bestimmten Schüler am Tuch fangen; durch geschickten Richtungswechsel der gesamten Gruppe am Tuch (ein Schüler gibt das Kommando) kann es dem „Jäger" sehr schwer gemacht werden	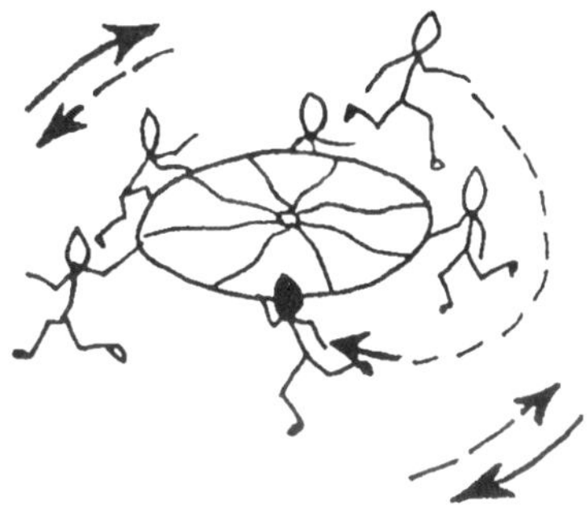	Schnelligkeit, Reaktion, Anpassung an die Mitschüler, Wahrnehmung
Katze und Maus: alle Schüler wedeln den Fallschirm; ein Schüler krabbelt als Maus unter dem Fallschirm, ein anderer Schüler krabbelt auf dem bewegten Tuch und versucht die Maus unter dem Fallschirm zu fassen, was durch die ständigen Wellenbewegungen des Fallschirms nicht einfach ist		Wahrnehmung, Reaktion, Kräftigung der Armmuskulatur

Thema: Spiele und Übungsformen mit der Klorolle		
Geräte: ca. 50 Klorollen, Tennisbälle imKlassensatz		
Inhalt	**Hinweise/Organisation**	**Feinziele**
Erwärmung		
freies Bewegen mit der Klorolle		Kreativität, Material-erfahrung
Schauspieler: die Schüler laufen kreuz und quer mit einer Klorolle in der Hand durch die Halle; - ruft der Lehrer „Seemann“, dann klettern die Schüler auf die Sprossenwände und benutzen ihre Klorolle als Fernrohr; - ruft der Lehrer „Betrunkener“, dann torkeln alle Schüler mit ihrer Klorolle als Schnapsglas durch die Halle; - bei „Trompetenspieler“ marschieren sie mit der Klorolle als Trompete		Wahrnehmung, Reaktion, Ausdauer, Spannungs- und Entspannungsfähigkeit
Leistungsphase		
Fußball: die Schüler dürfen ihre Klorolle mit dem Fuß durch die Halle schießen		Fußgeschicklichkeit

Lange Nase: jeweils zwei Schüler klemmen sich eine Klorolle zwischen die Nase und versuchen durch die Halle zu laufen ohne die Klorolle zu verlieren		Anpassung an den Partner, Geschicklichkeit
Körperumriß: ein Schüler liegt auf dem Boden, einige Mitschüler legen mit aufgestellten Klorollen dessen Körperumriß; der liegende Schüler muß nun vorsichtig aufstehen und dabei möglichst wenig Klorollen umwerfen		Handgeschicklichkeit beim Aufstellen der Klorollen, Gleichgewichtsgefühl und Wahrnehmung beim Aufstehen
Klorollenwerfen: zwei Schüler stehen sich gegenüber und werfen sich eine oder auch zwei Klorollen gegengleich zu		Wurfgefühl, Dosierung des Krafteinsatzes, Anpassung an den Partner
Balancieren: die Schüler balancieren ihre Klorolle mit verschiedenen Körperteilen: Kopf, Hand, Ellbogen, ... (Variation: mit Überwinden von Hindernissen)		Balancierfähigkeit, Körperspannung
Treffer: die Schüler stehen hinter einer vorgegebenen Linie und versuchen ihre Klorolle in eine ca. 5 m entfernte Kiste zu werfen		Auge-Hand-Koordination, Kraftdosierung, Zielgenauigkeit

Wurfbude: die Schüler werden in ca. 4 Gruppen eingeteilt und müssen sich jeweils einen Turm bauen (Welche Gruppe ist am schnellsten?); danach werden die Türme aus ca. 8 m Entfernung mit Tennisbällen abgeworfen		Handgeschicklichkeit, Wurfkraft, Zielgenauigkeit
Klorollenmann: ein Kind wird von allen Mitschülern mit Klorollen zugedeckt; es soll möglichst nichts mehr vom Körper zu sehen sein		Sozialverhalten
Ausklang		
Klorollenjagd: die Schüler bilden zwei Innenstirnkreise; jeder Schüler des äußeren Kreises hat einen Partner im inneren Kreis, der mit gegrätschten Beinen vor ihm steht; auf ein Signal des Lehrers laufen die Schüler des äußeren Kreises einmal um den inneren Kreis, schlüpfen durch die Beine ihres Partners und versuchen eine der aufgestellten Klorollen in der Mitte des Kreises zu erhaschen (1 Klorolle weniger als SS-Zahl); Platzwechsel der Partner		Schnelligkeit, Reaktion

Thema: Spiele und Übungsformen mit der Keksdose

Geräte: Keksdosen im Klassensatz, Tischtennisbälle, Bohnensäckchen, kleiner Softball

Inhalt	Hinweise/Organisation	Feinziele
Erwärmung		
freies Bewegen mit der Keksdose		Kreativität, Materialerfahrung
Keksdosentippen: die Schüler laufen auf Musik um die aufgestellten Keksdosen; bei Musikstopp muß jeder Schüler ganz schnell 4 Keksdosen hintereinander antippen; davon die erste mit der Hand, die zweite mit dem Fuß, die dritte mit dem Ellbogen und die vierte mit dem Po; dann wird weitergelaufen		Reaktion, Schnelligkeit, Körpererfahrung, Orientierung im Raum
Leistungsphase		
Keksdosen drehen: die Schüler drehen ihre Keksdose an und laufen solange durch die Halle, bis alle Keksdosen ruhig am Boden liegen; d.h. fällt die letzte Keksdose um, dann bleiben alle wie versteinert stehen		Materialerfahrung, optische und akustische Wahrnehmung, Reaktion

Fall nicht um: alle Keksdosen werden angedreht; die Schüler laufen nun durch die Halle und passen auf, daß keine Dose umkippt; auch fremde Dosen dürfen erneut angedreht werden		Optische Wahrnehmung, Reaktion, Ausdauer
Lauschen: jeder Schüler dreht seine Keksdose an und läuft mit geschlossenen Augen solange auf der Stelle neben seiner Keksdose, bis diese umkippt und ruhig am Boden liegt		Akustische Wahrnehmung, Konzentration
Rollende Keksdose: jeder Schüler rollt seine Keksdose durch die Halle und versucht dabei immer wieder um die eigene rollende Dose herumzulaufen	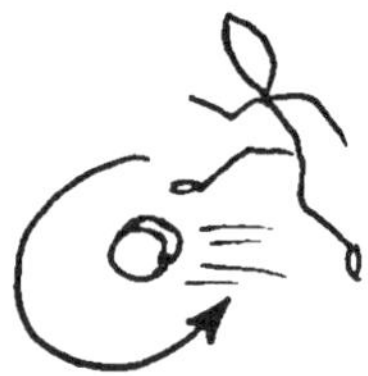	Anpassung, Schnelligkeit, optische Wahrnehmung
Keksdosentausch: zwei Schüler rollen sich gegenseitig ihre beiden Keksdosen zu	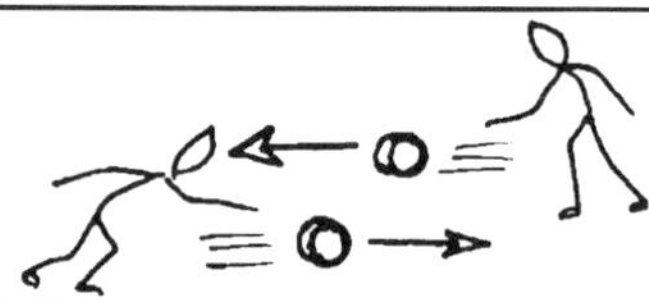	Treffgenauigkeit, Anpassung an den Partner, Kraftdosierung
Tor: Wer schafft es seine Keksdose von einer vorgegebenen Linie ins Tor (mit Hütchen markieren) zu rollen?	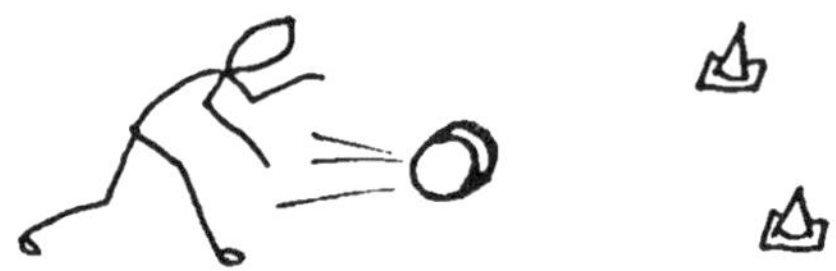	Treffgenauigkeit, Kraftdosierung

Eisstockschießen: Wer schiebt seine Dose am nähesten an das Bohnensäckchen oder trifft es sogar?		Treffgenauigkeit, Kraftdosierung beim Schieben im Vergleich zum Rollen
Balancieren: die Schüler balancieren ihre Keksdose mit verschiedenen Körperteilen (Kopf, Ellbogen, Hand, ...) Variation: mehrere Keksdosen übereinanderstapeln und balancieren		Gleichgewichtsfähigkeit, Körperspannung
Ballrollen: die Schüler versuchen einen Tischtennisball am Dosenrand entlang laufen zu lassen ohne ihn zu verlieren		Gleichgewichtsfähigkeit, Kraftdosierung
Ballspielen: die Schüler versuchen mit dem Deckel ihrer Keksdose einen Luftballon, Softball oder Tischtennisball immer wieder in die Luft zu spielen Variaton: mit einem Partner hin und her spielen		Auge-Hand-Koordination, Kraftdosierung, Anpassung an den Partner
Trommeln: die Schüler versuchen auf der Keksdose verschiedene Rhythmen zu trommeln, die vom Lehrer vorgegeben werden		Akustische Wahrnehmung, Merkfähigkeit, Rhythmusfähigkeit

Ausklang		
Ball über die Schnur: zwei Mannschaften spielen mit Dosendeckeln in der Hand einen Softball über eine Schnur hin und her; der Ball darf nach jedem Deckelkontakt den Boden einmal berühren, dann muß er zurück über die Schnur gespielt werden; fliegt der Ball unter der Schnur hindurch oder berührt er den Boden zweimal, bekommt die gegnerische Mannschaft einen Punkt		Auge-Hand-Koordination, Kraftdosierung, Reaktion, Wahrnehmungsfähigkeit, Taktik
Dosen suchen: in jeder Dose befindet sich ein vorher eingeklebtes Bildchen (Hund, Katze, Baum,...) jedes Kind erhält ein entsprechendes Bildchen und muß daraufhin die Dose mit seinem Symbol suchen; die Dosen liegen verschlossen in der ganzen Halle verteilt; findet ein Kind sein Symbol, so darf es sich mit der Dose in den Hallenmittelkreis setzen; falsche Dosen werden wieder verschlossen		Merkfähigkeit, Orientierung im Raum, Ausdauer

Thema: Spiele und Übungsformen mit Leinensäcken

Geräte: Leinensäcke im Klassensatz

Inhalt	Hinweise/Organisation	Feinziele
Erwärmung		
freies Bewegen mit den Leinensäcken		
Sacktausch: die Schüler hüpfen alle in einem Sack auf Musik durch die Halle; bei Musikstopp erfolgt schnell ein Sacktausch mit einem beliebigen Mitschüler; danach wird weitergehüpft		Kräftigung der Beinmuskulatur, Gleichgewichtsfähigkeit
Leistungsphase		
Autofahren: die Schüler sitzen auf ihrem Sack, halten das vordere Sackende wie ein Lenkrad und ziehen sich nur mit geschickter Beinbewegung vorwärts	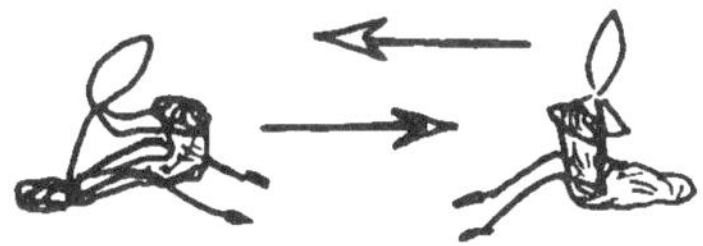	Kräftigung der Bein- und Bauchmuskulatur
Rückwärtsfahrt: die Schüler sitzen wie gehabt auf dem Sack; jedoch fahren sie nun rückwärts, d.h. sie schieben sich mit den Beinen an, müssen dabei nach hinten schauen, um Zusammenstöße zu vermeiden		Kräftigung der Bein- und Bauchmuskulatur

Ruderwettkampf (2-Sitzer): jeweils zwei Schüler knien sich auf einen Sack und versuchen sich möglichst schnell mit den Händen vorwärts zu ziehen (Welches Boot ist am schnellsten ?)		Kräftigung der Armmuskulatur, Anpassung an den Partner
Wagenrennen: ein Schüler setzt sich in einen Sack und läßt sich von zwei Mitschülern an den Händen gefaßt quer durch die Halle ziehen		Kräftigung der Armmuskulatur
Sackhüpfstaffel: 5 Mannschaften stehen jeweils hintereinander hinter einer vorgegebenen Linie; in ca. 10 m Entfernung steht für jede Mannschaft ein Hütchen; auf Kommando hüft der erste Schüler jeder Mannschaft in einem Sack um das Hütchen und wieder zurück zu seiner Gruppe; dort übergibt er den Sack an den zweiten (Welche Gruppe schafft als erste einen Durchgang ?)		Kräftigung der Beinmuskulatur, Schnelligkeit, Gleichgewichtsfähigkeit
Ausklang		
Sackfangsti: alle Schüler hüpfen in einem Sack durch die Halle; der Fänger, ebenfalls in einem Sack, versucht seine Mitschüler abzuschlagen		Kräftigung der Beinmuskulatur, Orientierung, Gleichgewichtsfähigkeit

Thema: Spiele und Übungsformen mit dem Fahrradreifen

Geräte: Fahrradmäntel im Klassensatz, Sandsäckchen

Inhalt	Hinweise/Organisation	Feinziele
Erwärmung		
freies Bewegen mit dem Fahrradreifen		Kreativität
Reifenfangsti: ein Fänger versucht seine Mitschüler durch Überstülpen eines Reifens zu fangen; ein gefangener Schüler darf den Reifen behalten und wird zum Mitfänger; der ursprüngliche Fänger holt sich einen neuen Reifen; das Spiel dauert so lange, bis alle Reifen aufgebraucht sind		Reaktion, Schnelligkeit, Ausdauer, Wahrnehmung Geschicklichkeit
Leistungsphase		
Kreishüpfen: 3 Schüler halten einen Reifen mit jeweils einem Fuß und hüpfen auf dem anderen Bein im Kreis (Welche Gruppe hüpft am längsten, ohne den Reifen zu verlieren?)		Gleichgewichtsgefühl, Anpassung an die Partner, Kräftigung der Bein- und Bauchmuskulatur
Reifen rollen: die Schüler rollen ihre Reifen durch die Halle und versuchen ihn einzuholen, bevor er umkippt		Geschicklichkeit, Einschätzungsvermögen

Reifenspringen: alle Reifen liegen in einer Doppelreihe; einige Kinder zeigen eine Sprungkombination, die die Mitschüler nachmachen müssen (z.B. rechts, links, beide Beine,...)		Merkfähigkeit, Kräftigung der Beinmuskulatur
Reifentausch: zwei sich gegenüber stehende Schüler rollen sich ihre Reifen gleichzeitig zu	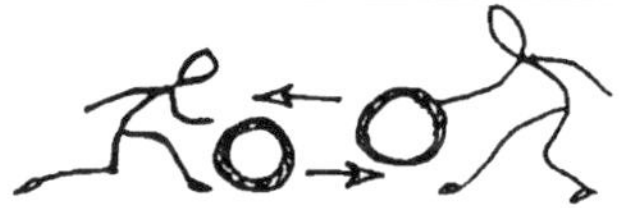	Geschicklichkeit, Anpassung an den Partner
Hund ausführen. Ein Schüler stülpt einem Mitschüler einen Reifen über den Kopf und führt ihn so langsam durch die Halle; der Schüler in dem Reifen muß den Reifenrand genau beobachten, denn er darf diesen nicht berühren und muß die Bewegung des Reifens schnell erfassen um seine eigene Bewegungsrichtung entsprechend zu ändern		Reaktion, Wahrnehmung
Zielwerfen: jeweils 4 Schüler legen ihre Reifen in unterschiedlicher Entfernung aus; nun versuchen sie von einem vorgegebenen Punkt aus mit Sandsäckchen in die Reifen zu werfen; der näheste Reifen gibt einen Punkt, der entfernteste 4 Punkte; nach mehreren Wurfversuchen werden die errungenen Punkte jedes Schülers addiert;		Handgeschicklichkeit, Einschätzungsvermögen

Wechselt den Reifen: alle Schüler stehen in ihrem Reifen in der Halle verteilt; nur ein Schüler hat keinen Reifen, er steht im Hallenmittelkreis; auf Zuruf dieses Schülers „Wechselt den Reifen“, muß sich jeder Schüler einen neuen Reifen suchen; der Schüler im Mittelkreis versucht auch einen zu bekommen; der Schüler, der nun übrig bleibt, muß als nächstes in den Hallenmittelkreis	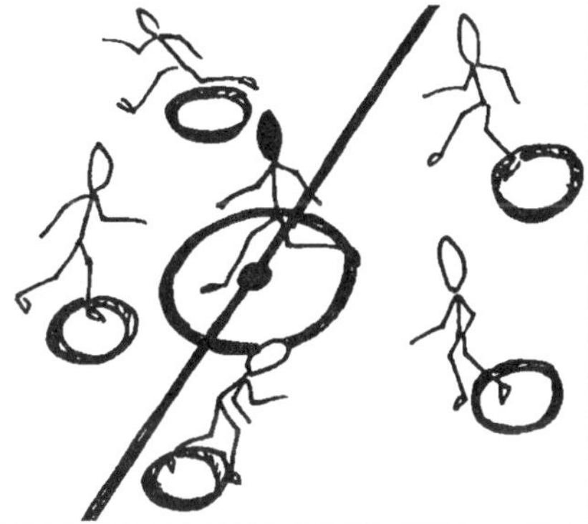	Schnelligkeit, Reaktion, Orientierung
Froschhüpfer: alle Reifen werden in eine Reifenbahn gelegt; die Schüler springen nun mit Froschhüpfern von Reifen zu Reifen (Absprung und Landung mit beiden Beinen); Variation: Hasensprünge (Absprung mit beiden Beinen, Landung zuerst auf den Händen und dann auf den Füßen)		Kräftigung der Beinmuskulatur
Reifenwerfen: ein Schüler versucht einen Fahrradreifen über einen Mitschüler in ca. 3 m Entfernung zu werfen; dieser versucht durch geschickte Bewegungen mit hochgehaltenen Armen in den Reifen einzutauchen	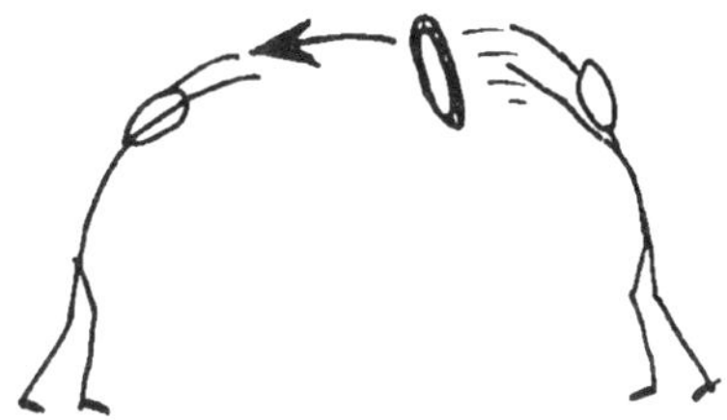	Auge-Hand-Koordination, Reaktion, Wahrnehmung

Reifen kreisen: die Schüler versuchen ihren Reifen um die Hand kreisen zu lassen, ohne ihn zu verlieren		Handgeschicklichkeit
Ausklang		
Reifenwandern: alle Schüler stehen mit Handfassung in einem Kreis; ein Reifen wird zwischen zwei Schüler gehängt; der Reifen soll nun ohne Lösen der Hände weitergegeben werden (durch Heben und Senken der Arme und Durchschlüpfen durch den Reifen)		Beweglichkeit, Geschicklichkeit
Fangspiel: ein Schüler steht in einem Fahrradreifen, alle Mitschüler stehen mit Handfassung außen herum, sprechen einen Spruch und führen die entsprechende Bewegung aus: „Klein, groß (Schüler bücken sich und stehen wieder auf), Hände los (Handfassung lösen) bück dich (Schüler im Reifen geht in die Hocke) fang mich" (Schüler im Reifen versucht die davonlaufenden Mitschüler abzuschlagen)		Reaktion, Schnelligkeit, Wahrnehmung

Thema: Spiele und Übungsformen mit der Teppichfliese

Geräte: Teppichfliesen im Klassensatz

Inhalt	Hinweise/Organisation	Feinziele
Erwärmung		
freies Bewegen mit der Teppichfliese		Kreativität
Hase im Nest: die Schüler stehen in der Halle verteilt auf je einer Teppichfliese; ein „Jäger“ jagt einen „Hasen“ durch die Halle; wird der „Hase“ müde, so kann er sich schnell auf eine Teppichfliese stellen; der dort placierte Schüler muß wegrennen und wird automatisch neuer „Hase“; wird der „Hase“ vom Jäger erwischt, erfolgt ein Rollentausch und aus dem „Jäger“ wird nun der „Hase“ und umgekehrt		Reaktion, Schnelligkeit, Ausdauer, Wahrnehmungsfähigkeit
Leistungsphase		
Hüpfbahn: die Schüler hüpfen über eine ausgelegte Teppichfliesenbahn (Teppichfliesengummierung nach unten, sonst Rutschgefahr!); - auf einem Bein - mit beiden Beinen - nur auf bestimmte Fliesen springen - Kombinationen wie beim Kästchenhüpfen	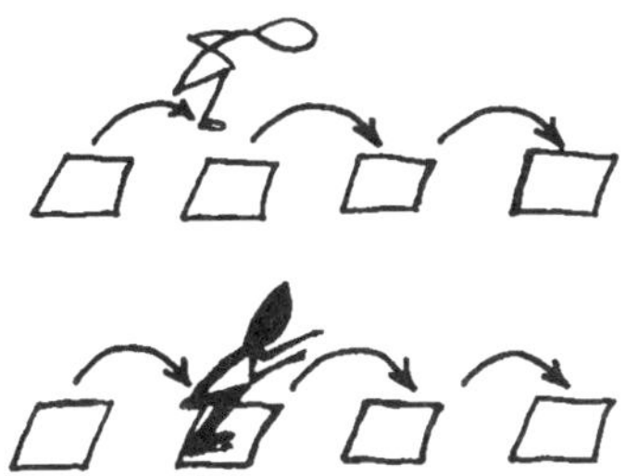	Kräftigung der Beinmuskulatur, Wahrnehmungsfähigkeit, Gleichgewichtsgefühl

Kreisel: die Schüler setzen sich auf ihre Teppichfliese (Teppichseite nach unten) heben die Beine angewinkelt an und stoßen sich mit den Händen so vom Boden ab, daß sich die Teppichflicse dreht		Kräftigung der Bauchmuskulatur und der Armmuskulatur
Putzfrau: die Schüler stützen sich mit den Händen auf ihre Teppichfliese und schieben mit den Beinen an		Kräftigung der Armmuskulatur und Beinmuskulatur
U-Boot: die Schüler legen sich mit dem Bauch auf die Teppichfliese und ziehen sich mit den Händen vorwärts		Kräftigung der Armmuskulatur
Teppichfliese drehen: die Schüler stellen sich auf ihre Teppichfliese und versuchen durch Drehen und Wenden des Körpers die Teppichfliese zu bewegen	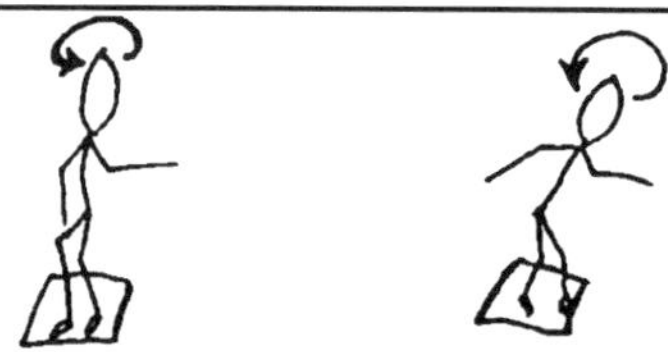	Gleichgewichtsgefühl, Geschicklichkeit, Kräftigung der Beinmuskulatur, Beweglichkeit der Hüften
Karussellfahrt: ein Schüler sitzt auf der Teppichfliese, ein anderer Schüler nimmt ihn an der Hand und dreht ihn im Kreis herum		Kräftigung der Armmuskulatur

Autoralley: die Schüler laufen frei durch die Halle; auf Zuruf des Lehrers „Parkplatz-suche“ stellen sich immer zwei Schüler auf eine der ausgelegten Teppichfliesen		Reaktion, Wahrnehmung, Orientierung, Anpassung, Ausdauer
Rollerfahren: die Schüler stellen sich mit einem Bein auf ihre Teppichfliese und schieben mit dem anderen Bein an		Kräftigung der Beinmuskulatur
Schubkarrenfahren: ein Schüler stützt sich mit den Händen auf eine Teppichfliese, ein Mitschüler hebt ihn an den Oberschenkeln hoch und schiebt ihn an		Kräftigung der Armmuskulatur, Körperspannung
Kanufahren: die Schüler knien sich auf ihre Teppichfliesen und ziehen sich mit den Armen vorwärts		Kräftigung der Armmuskulatur
Ausklang		
Wagenrennen: ein Schüler steht tief gehockt auf einer Teppichfliese; zwei Mitschüler nehmen ihn an den Händen und ziehen ihn quer durch die Halle; Partnertausch (auch als Wettspiel oder Staffel möglich)		Gleichgewichtsfähigkeit, Schnelligkeit, Kräftigung der Arm- und Beinmuskulatur

Inselspringen: je 4 Schüler versuchen sich gemeinsam mit 4 Teppichfliesen in eine Richtung fortzubewegen; dabei legen sie sich eine Teppichfliesenbahn, springen auf die ersten drei Teppiche, greifen die letzte Fliese, geben sie nach vorne und springen erneut auf die drei vordersten Fliesen		Kräftigung der Beinmuskulatur, Anpassung an die Partner
Blumenpflücken: alle Schüler stehen auf ihrer Teppichfliese in einem abgegrenzten Hallenteil; zwei Schüler versuchen sich den Standort ihrer Mitschüler zu merken; sie bekommen nun die Augen verbunden und versuchen durch die Halle zu gehen und ihre Mitschüler auf den Teppichfliesen zu finden und anzutippen (die Schüler auf den Teppichfliesen dürfen sich nicht bewegen!)		Orientierungsfähigkeit

II. Stationentraining (Zirkel)

Vorbemerkungen zum Stationstraining

Folgende Stundenbilder zum Zirkeltraining zeigen, wie in gezielter Weise Kraft, Ausdauer und Koordination geschult werden können.
Nach einer angemessenen Erwärmungsphase, werden mit den Schülern die einzelnen Stationen aufgebaut. Diese Phase muß gut eingeschult sein, sonst geht zu viel Zeit der Sportstunde verloren. Es empfiehlt sich mit fest eingeteilten gruppen zu arbeiten, die immer für dasselbe Gerät zuständig sind, dessen genauen Platz im Geräteraum kennen und die Aufstellung des Geräts beherrschen.
Damit die Schülergruppen genau wissen, an welcher Stelle ihr Gerät aufgebaut werden soll, kann man eine Pinnwand verwenden. Alle verfügbaren Geräte werden maßstabsgetreu, symbolhaft auf Tonpapier gezeichnet und ausgeschnitten. Die notwendigen Symbole der jeweiligen Sportstunde werden in Form eines Hallenplanes auf die Pinnwand gesteckt und vor jedem Geräteaufbau zusammen mit den Kindern im Sitzkreis besprochen. Nachhaltige Fragen der Schüler über den Standort des Geräts bleiben aus. Der Lehrer ist damit frei, um unterstützend beim Geräteaufbau zu helfen, z. B. an Stationen, die von den Schülern alleine nicht aufgebaut werden können (Einhängen der Langbank in die Sprossenwand,...).
Schüler, die ihren Geräteaufbau beendet haben, setzen sich wieder in den Sitzkreis (kein Herumturnen am Gerät!). Sie können vom Lehrer nochmals zur Unterstützung anderer Schüler eingeteilt werden (z. B. Mattentransport,...).

Nach Beendigung des Stationsaufbaus überprüft der Lehrer alle Geräte (Sicherung der Reckstangen, Sicherheitsabstände zwischen den Geräten,...) und schließlich erfolgt eine Schülerdemonstration an den einzelnen Stationen.

In Vierergruppen verteilen sich nun die Schüler an den Geräten, führen dort bei Musik die geforderte Übung durch und wechseln bei Musikstop (kurze Ruhephase) im Uhrzeigersinn zur nächsten Station.

Nach Durchlaufen aller Stationen werden gemeinsam die Geräte abgebaut und ein Abschlußspiel durchgeführt.

Da die Rahmenbedingungen jeder Turnhalle unterschiedlich sind, müssen Sie den Stationsaufbau Ihrer Halle anpassen. Die Reihenfolge der Stationen wurde von mir frei gewählt und kann bei Ihnen also durchaus anders sein.

Da manche Lehrer 32 Schüler unterrichten, hat jede von mir dargelegte Stunde 8 Stationen. Bei weniger Schüler können Stationen weggelassen werden. Nach Möglichkeit jedoch nicht die Entlastungsstation, denn sie bietet Erholung von dem übergeordneten Stundenziel.

Spricht man sich mit Kollegen ab, so können die Geräte möglicherweise stehengelassen werden und mehrere Sportstunden am Tag genutzt werden. Man spart sich viel Mühe und die Schüler können länger an den Geräten turnen.

Thema: Kräftigung der Arme und des Schultergürtels I (Zirkel)		
Inhalt	**Hinweise/Organisation**	**Geräte**
Erwärmung		
Boden putzen: Jeder Schüler stützt seine Hände auf eine Teppichfliese und schiebt diese auf Musik durch die Halle; stopt die Musik, dann verläßt jeder Schüler seine Teppichfliese, sucht sich schnell eine neue und setzt sich so lange darauf, bis die Musik wieder spielt	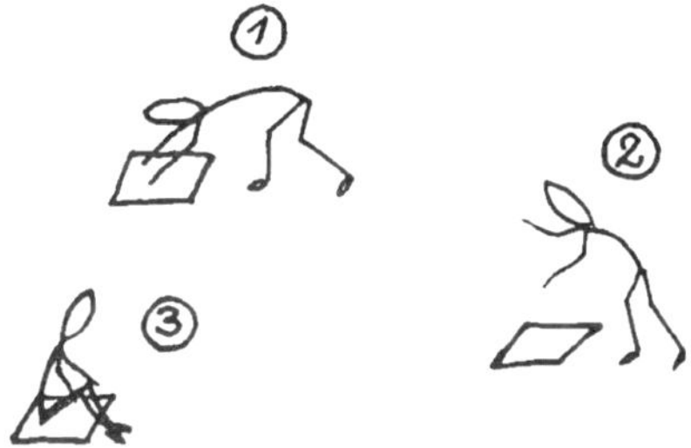	
Leistungsphase		
Besprechung der Pinnwand Geräteaufbau		
1. Station: Ziehkampf: 2 Schüler stecken ihre Füße gegengleich durch 2 Ringe (Ringhöhe ca 10-20 cm über dem Boden); nun versucht jeder mit den Händen nach vorne zu stützeln bis den Gegner die Kraft verläßt (die 2 Paare an jeder Station wechseln sich ab und unterstützen sich gegenseitig beim Hineinschlüpfen in die Ringe!)	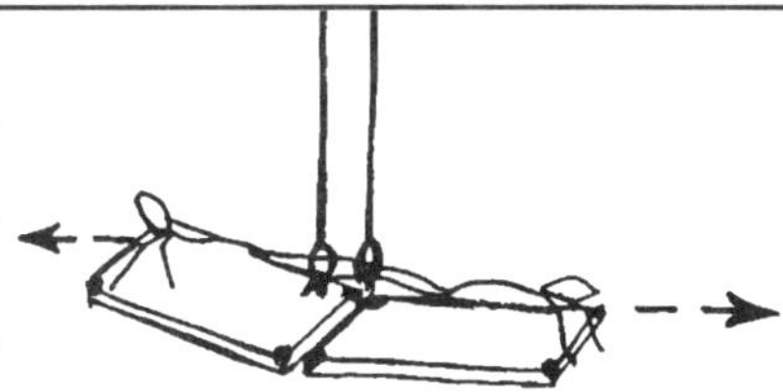	1 Paar Ringe, 2 blaue Matten

2. Station: Über 2 parallelgestellte Langbänke werden 3 Reifen gelegt; die Schüler legen sich auf den Bauch und ziehen sich mit den Armen durch diese Langbankgasse; zurück übersteigen sie im Storchengang (Knie hochheben) die Reifen	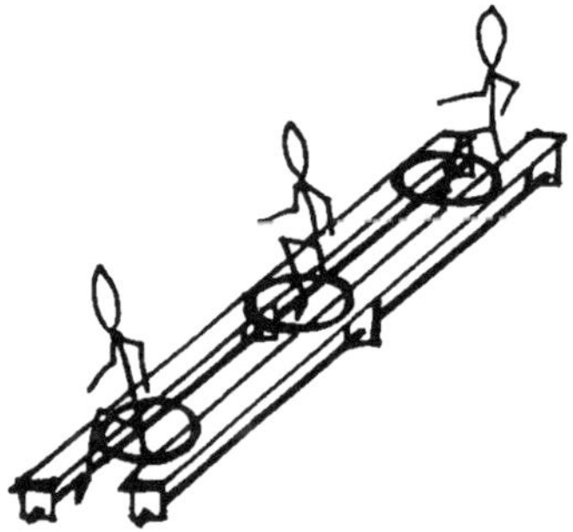	2 Langbänke, 3 Gymnastikreifen
3. Station: Die Schüler klettern an den Kletterstangen so hoch sie können (barfuß geht es leichter!)	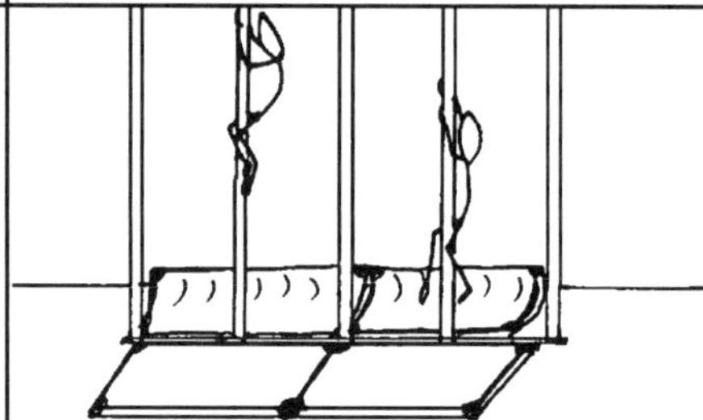	Kletterstangen, 4 blaue Matten
4. Station: Liftfahrt: über eine Hallenecke (je nach Befestigungsmöglichkeit) wird ein Tau gespannt; die Schüler stellen sich auf eine Teppichfliese (flauschige Seite nach unten!) unt ziehen sich mit den Händen entlang des Taus voran	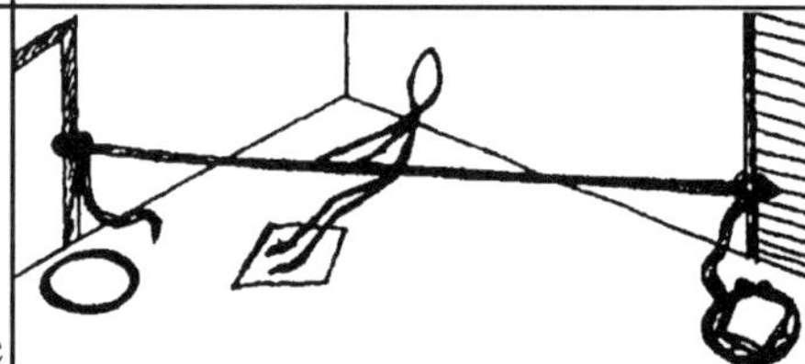	1 Tau, 4 Teppichfliesen

5. Station: Die Schüler setzen oder legen sich auf den Bauch auf ein Rollbrett und ziehen sich im Slalom um aufgestellte Hütchen		4 Rollbretter, 5 Hütchen
6. Station: Die Schüler schwingen an den Ringen	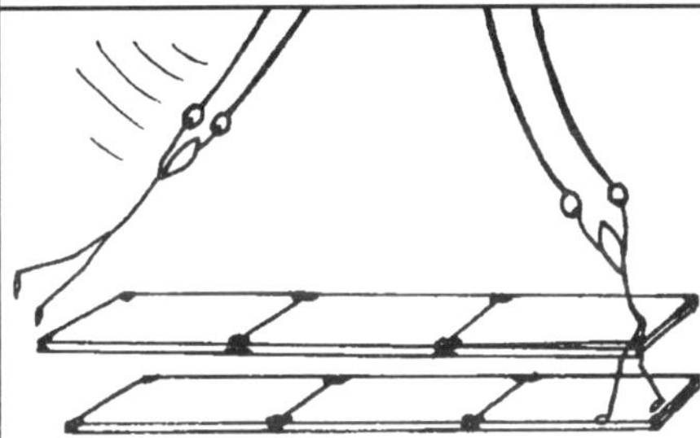	2 Paar Ringe, 6 blaue Matten
7.Station: Die Schüler überwinden Medizinbälle in einer Barrengasse mit Stützsprüngen		1 Barren, 3 Medizinbäller

8. Entlastungsstation: 4 Schüler fassen sich an den Händen und versuchen einen Reifen, der zwischen ihnen eingehängt wurde, ohne Lösen der Hände weiterzugeben		1 Reifen
Geräteabbau		
Ausklang		
Tauziehen: 2 Mannschaften führen einen Tauziehwettkampf durch		1 Tau

Thema: Kräftigung der Arme und des Schultergürtels II (Zirkel)		
Inhalt	**Hinweise/Organisation**	**Geräte**
Erwärmung		
Kanufangen: Alle Schüler knien sich auf eine Teppichfliese (flauschige Seite nach unten) und ziehen sich mit den Armen durch die Halle; 2 Kanufänger, ebenfalls in dieser Stellung versuchen ihre Mitschüler abzuschlagen; abgeschlagene Schüler setzen sich auf ihre Teppichfliese; die beiden letzten ungefangenen Schüler werden die neuen Kanufänger		Teppichfliesen im Klassensatz
Leistungsphase		
Besprechung der Pinnwand Geräteaufbau		
1. Station: 2 Schüler sitzen auf einer Teppichfliese (flauschige Seite nach unten); zwischen ihnen liegt ein Tau; dieses wird gleichzeitig in die Hand genommen und die Schüler ziehen sich aufeinander zu; Partnerwechsel	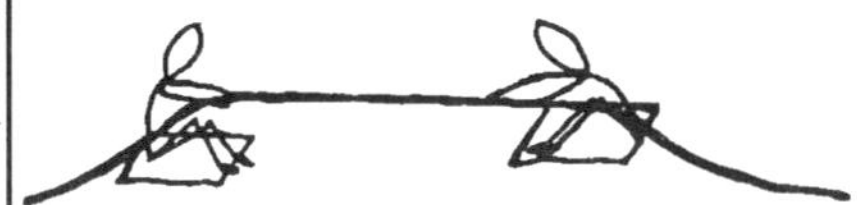	2 Teppichfliesen, 1 Tau

2. Station: Eine Langbank wird in eine Sprossenwand eingehängt (Höhe je nach Leistungsstand der Klasse); die Schüler führen Hockwenden über die ansteigende Langbank aus (Wer kommt am höchsten?)		1 Sprossenwand, 1 Langbankt
3. Station: Ein Schüler hängt seine Füße in die dritte oder vierte Sprosse einer Sprossenwand, stützt sich auf die Hände und macht eine hohe Brücke (Gesäß nach oben); die anderen seiner Gruppe kriechen schnell durch die Brücke hindurch; danach wird gewechselt	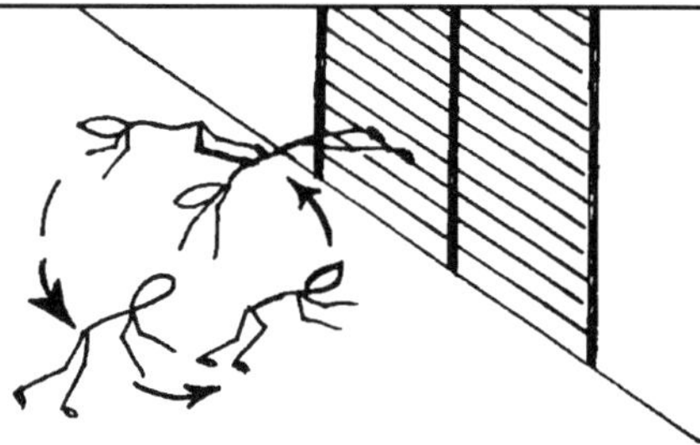	1 Sprossenwand
4. Station: Ein Schüler steckt seine Füße in 2 Ringe (10-20 cm über dem Boden) und stützt sich mit den Händen auf; vor ihm liegt ein Reifen mit Murmeln, 3 m daneben ein leerer Reifen; er greift nun eine Murmel, stützelt zum leeren Reifen und läßt sie dort fallen; Partnerwechsel nach drei Murmeln		4 Ringe, 4 Reifen, ca 20 Murmeln

5. Station: Die Schüler knien auf einer Teppichfliese und ziehen sich mit den Händen um 2 Hütchen herum	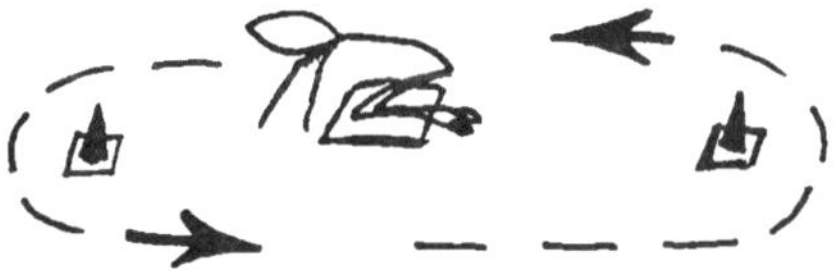	4 Teppichfliesen, 2 Hütchen
6. Station: Die Schüler stützeln sich mit den Händen durch die Holmgasse eines Barrens		1 Barren
7. Station: Die Schüler schwingen an den Tauen von einem Minikasten zum anderen (Abstand ca. 3 m) und versuchen dort zu landen; zurückschwingen; Seilübergabe an den Partner	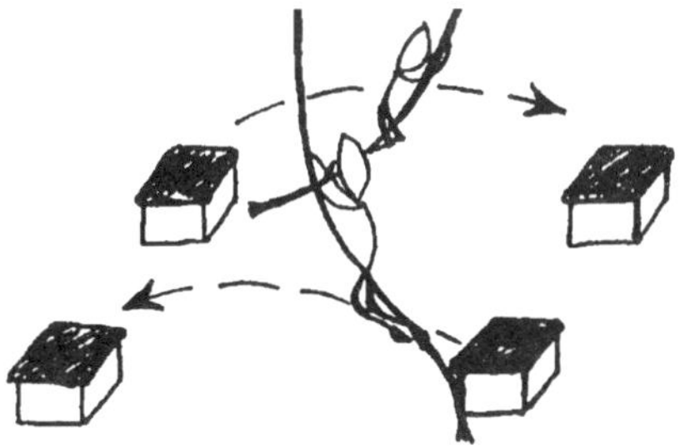	4 Minikästen, 2 Taue, blaue Matten oder Niedersprungmatten

8. Entlastungsstation: Die Schüler sitzen auf dem Boden und spielen mit beiden Füßen einen Medizinball hin und her	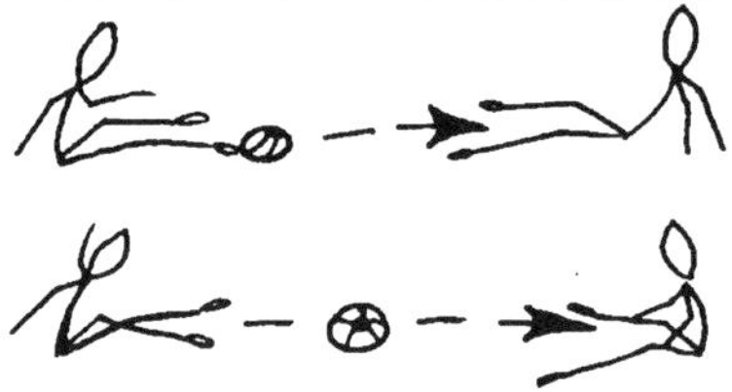	2 Medizinbälle
Geräteabbau		
Ausklang		
Blinzeln: Die Schüler bilden 2 Innenstirnkreise (je 2 Kinder stehen hintereinander und bilden ein Paar); die Schüler aus dem äußeren Kreis halten ihre Hände auf dem Rücken; ein Schüler aus dem äußeren Kreis hat keinen Partner; er versucht sich durch Zublinzeln einen Partner zu holen; der dazugehörige Schüler aus dem äußeren Kreis versucht das zu verhindern, indem er schnell die Arme nach vorne nimmt und seinen Partner festhält; gelingt ihm das, so muß der alleinstehende Schüler erneut blinzeln; gelingt es ihm nicht, dann wird er der neue Blinzler	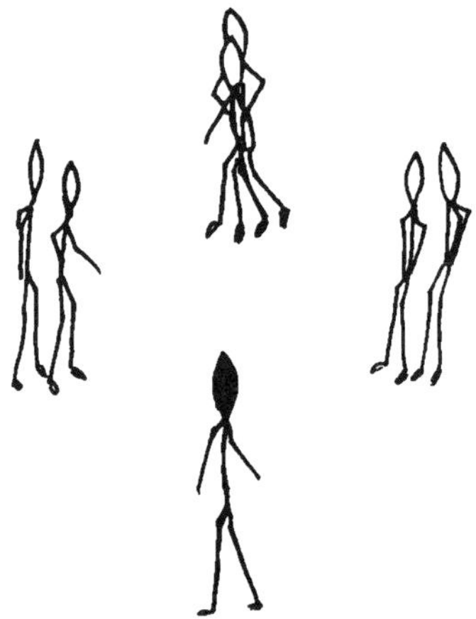	

Thema: Dehnen und Kräftigen der Rückenmuskulatur (Zirkel)

Inhalt	Hinweise/Organisation	Geräte
Erwärmung		
Stabhalterfangen: 2-4 Schüler bekommen vom Lehrer einen Staffelstab; 2 Fänger, mit Tüchern in der linken Hand, versuchen die Schüler mit dem Staffelstab abzuschlagen; der Staffelstab darf jedoch zwischen allen Mitschülern (Helfern) weitergegeben werden, d.h. jeder Schüler kann zum Stabhalter werden und damit gejagt werden; wird ein Stabhalter erwischt, dann nimmt er das Tuch des ursprünglichen Fängers in die linke Hand und wird zum neuen Stabfänger		2 Tücher, 4 Staffelstäbe
Leistungsphase		
Besprechung der Pinnwand Geräteaufbau		
1. Station: Die Schüler ziehen sich in Bauchlage über eine Langbank und schlängeln sich unter der Langbank zurück		1 Langbank

2. Station: Die Schüler machen auf einer blauen Matte eine Rolle vorwärts, kriechen dann durch ein quergestelltes Kastenteil und machen erneut eine Rolle vorwärts auf einer blauen Matte	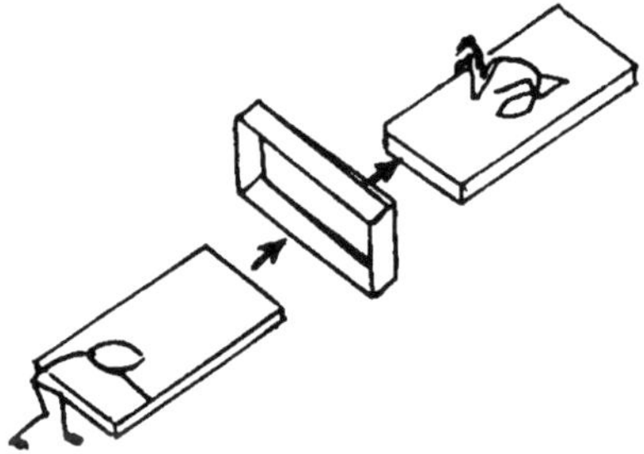	2 blaue Matten, 1 Kastenteil
3. Station: Die Schüler hängen an den Ringen (die Füße berühren den Boden) und kreisen mit dem gestreckten Körper wie ein Kochlöffel		2 Paar Ringe
4. Station: Die Schüler hängen an der Sprossenwand (Rücken zur Sprossenwand) und pendeln mit den Beinen hin und her wie eine Uhr	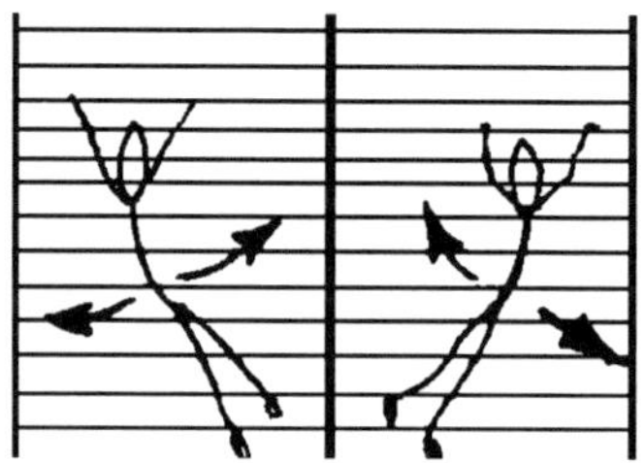	1 Sprossenwand,

5. Station: Die Schüler stehen auf der untersten Sprosse einer Sprossenwand und halten sich schulterhoch fest; nun klettern sie mit den Händen Sprosse für Sprosse abwärts und wieder aufwärts	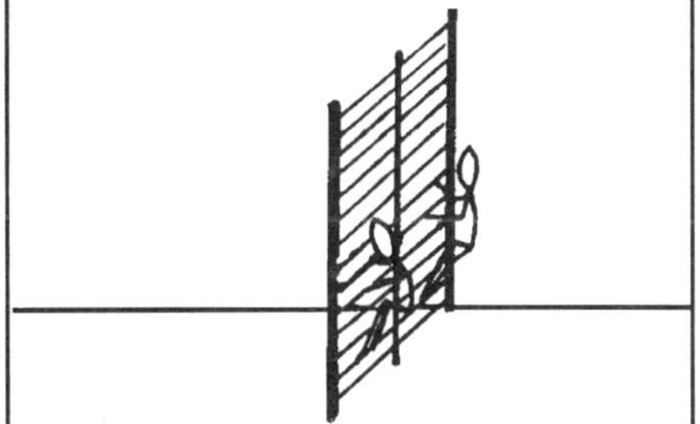	1 Sprossenwand
6. Station: Die Schüler springen beidbeinig von Reifen zu Reifen, ziehen dabei jeden Reifen mit den Händen über den Kopf, legen ihn seitlich ab und hüpfen weiter	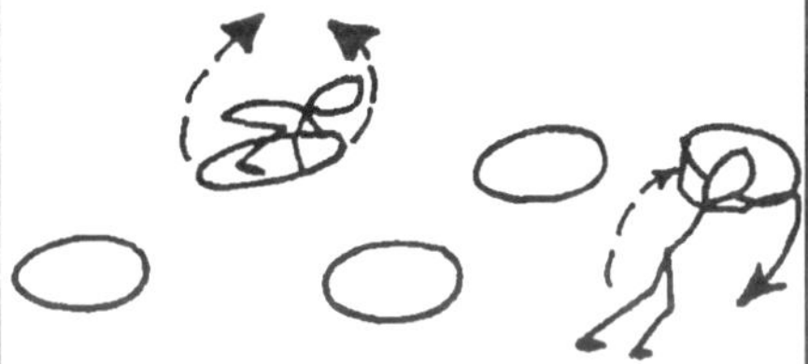	10 Gymnastikreifen oder Fahrradmäntel
7. Station: Die Schüler ziehen sich auf Teppichfliesen liegend im Slalom durch die aus Matten und Minikästen gebauten Mauselöcher	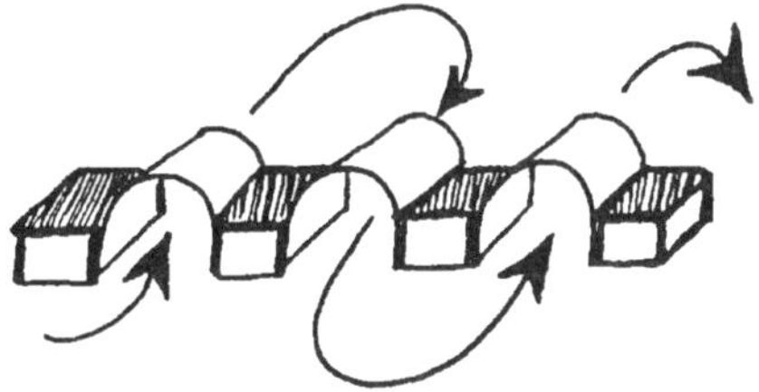	4 Minikästen, 3 blaue Matten

8. Entlastungsstation: Die Schüler balancieren über eine Bank-wippe (umgedrehte Langbank auf Kastendeckel)		1 Kastendeckel, 1 Langbank, 4 blaue Matten oder Niedersprungmatten
Geräteabbau		
Ausklang		
Drakular: Drakular steht hinter einer vorgegebenen Hallenlinie; die Mitschüler stehen in einem Freimal am anderen Ende der Halle; sie nähern sich Drakular schrittweise (je nach eigenem Einschätzungsvermögen) und fragen immer wieder im Chor: **Drakular, wie spät ist es?;** dieser nennt beliebige Uhrzeiten; ruft er jedoch **Mitternacht,** dann läuft er durch die Halle und versucht möglichst viele Kinder abzuschlagen bevor sie ihr Freimal erreichen; abgeschlagene Schüler werden in der nächsten Runde zum **Helfervampir**		

Thema: Kräftigung der Fußmuskulatur (Zirkel)		
Inhalt	**Hinweise/Organisation**	**Geräte**
Erwärmung		
Verwandeln: Die Schüler laufen auf Musik durch die Halle; stopt die Musik, so werden sie verwandelt; der Lehrer zeigt eine Symbolkarte und die Schüler führen solange die gezeigte Bewegung aus, bis die Musik wieder spielt - Affe: die Schüler laufen mit eingekrallten Zehen - Raupe: die Zehen ziehen den Fuß nach vorne - Riese: die Schüler laufen auf Zehenspitzen - Gewitter: die Schüler trampeln durch Halle - Geist: sie schleichen lautlos über den Boden	**Die gesamte Stunde verläuft barfuß!!!** 	Symbolkarten
Leistungsphase		
Besprechung der Pinnwand Geräteaufbau		
1. Station: In einen Reifen werden Murmeln gelegt, ein zweiter Reifen befindet sich in ca. 4 m Abstand; die Schüler greifen mit den Zehen eine Murmel, hüpfen auf dem anderen Bein zu dem zweiten Reifen und lassen sie dort fallen		2 Reifen, ca. 20 Murmeln

2. Station: Die Schüler versuchen mit den Füßen ein Zeitungsblatt zu zerreißen		Zeitungsblätter
3. Station: Die Schüler balancieren über ein dickes Tau		1 Tau
4. Station: Die Schüler klemmen sich einen Kugelschreiber zwischen die Zehen und versuchen ihren Namen auf ein Blatt Papier zu schreiben oder etwas zu malen		4 Kugelschreiber; Malpapier

5. Station: Seilspringen auf einer Matte (zur Dämpfung!)	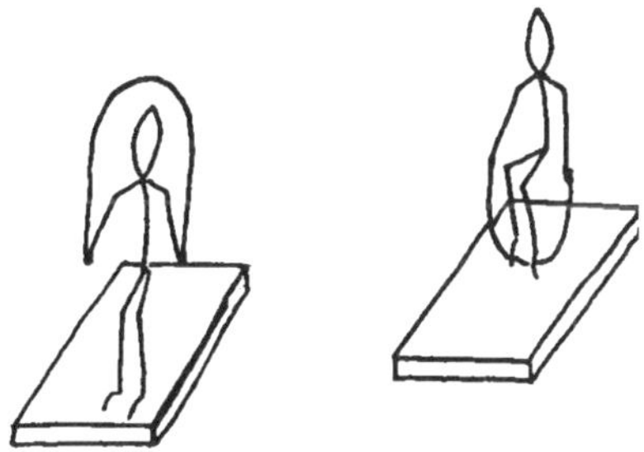	4 Sprungseile, 4 blaue Matten
6. Station: Die Schüler klettern auf eine Sprossenwand, ohne eine Sprosse mit den Füßen auszulassen, wechseln oben die Seite und klettern oder springen hinunter		1 Sprossenwand, 1 Niedersprungmatte
7. Station: Ein Korken wird im Kreis mit den Füßen weitergegeben	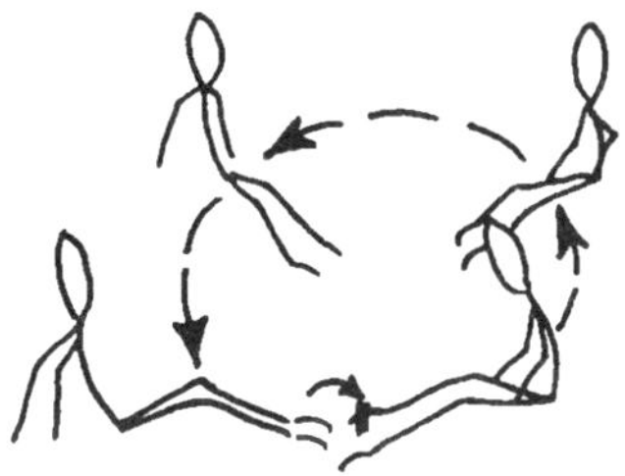	1 Korken

8. Entlastungsstation: Die Schüler ziehen sich auf dem Bauch über einen Langbanktunnel (Reifen über die Langbank ziehen)		1 Langbank, 4 Reifen
Geräteabbau		
Ausklang		
Wäscheklammernspringen: Die Schüler heften sich eine Wäscheklammer an die Kleidung und legen sich in der Halle verteilt auf den Boden; der Lehrer ruft daraufhin eine Farbe und alle Kinder mit der Wäscheklammer dieser Farbe springen auf, laufen durch die Halle und überspringen dabei ihre Mitschüler, bis der Lehrer eine neue Farbe aufruft		Wäscheklammern in 4 verschiedenen Farben

Thema: Förderung der Wurfgeschicklichkeit an Wurfstationen I (Zirkel)		
Inhalt	**Hinweise/Organisation**	**Geräte**
Erwärmung		
Wanderball: Die Schüler laufen auf Musik durch die Halle und übergeben ca. 10 Gymnastikbälle immer wieder von einem Schüler zum nächsten Variation: der Ball wird einem anderen Schüler vor die Füße gelegt; der Ball wird einem anderen Schüler zugeworfen		10 Gymnastikbälle
Leistungsphase		
Besprechung der Pinnwand Geräteaufbau		
1. Station: Die Schüler versuchen mit Kinderbasketbällen Korbwürfe zu erzielen		4 Kinderbasketbälle

2. Station: Je 2 Schüler spielen Klettball (in jedem Spielwarengeschäft erhältlich oder von Kindern mitbringen lassen)	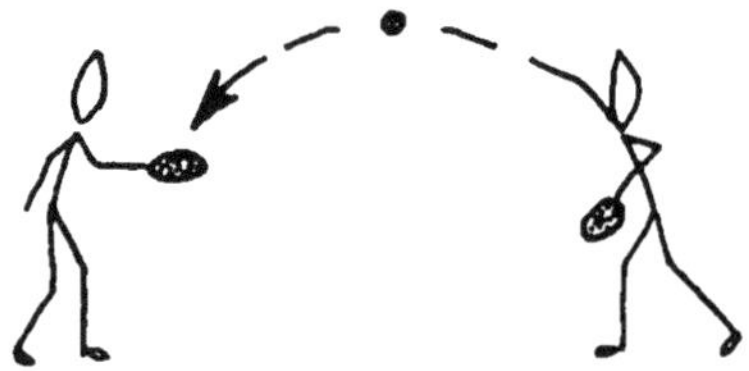	2 Klettballspiele
3. Station: 4 Schüler spielen sich einen Wasserball über eine in einer Hallenecke gespannte Zauberschnur zu (jeweils 2 Schüler auf einer Seite)		1 Wasserball, 1 Zauberschnur
4. Station: Die Schüler versuchen mit Tennisbällen Hütchen auf einer Langbank herunterzuschießen		1 Langbank, ca. 6 Hütchen, ca. 20 Tennisbälle

5. Station: Die Schüler werfen Sandsäckchen in einen offenen Kasten	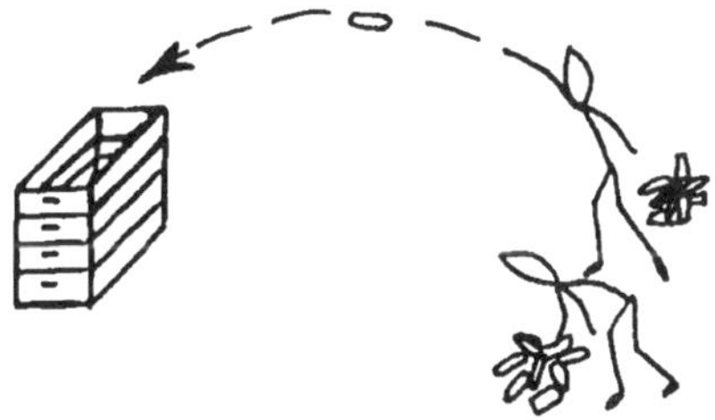	1 offener Kasten, ca. 20 Sandsäckchen
6. Station: An den heruntergelassenen Ringen werden Reifen mit Sprungseilen befestigt (kaputte Reifen können einfach eingehängt werden); je 2 Schüler stehen sich gegenüber und versuchen mit einem Softball durch den hängenden Reifen (2-3 m über dem Boden) hin und her zu werfen	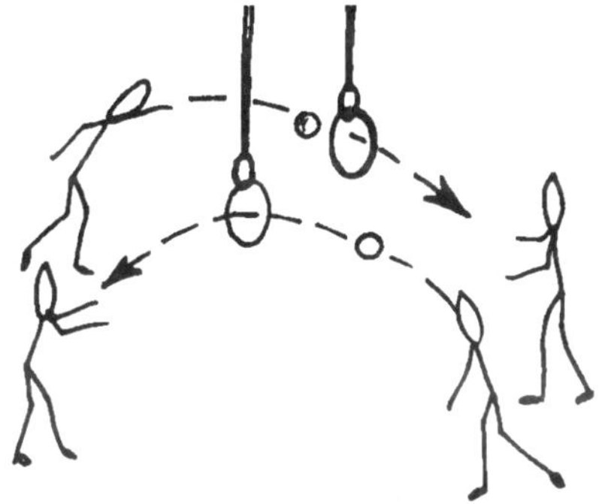	Ringe, 2 Reifen, (Sprungseile), 2 Softbälle
7. Station: Vor einer Hallenquerwand wird in einem Meter Abstand eine Zauberschnur gespannt; an die Zauberschnur werden mit Wäscheklammern Zeitungsblätter geheftet; die Schüler versuchen nun mit Tennisbällen die Zeitungsblätter zu treffen	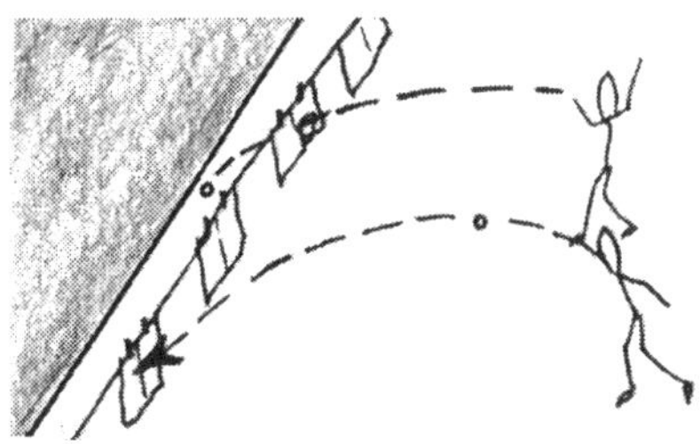	1 Zauberschnur, Wäscheklammern, Zeitungsblätter, Tennisbälle

8. Entlastungsstation: Seilspringen nach freier Wahl (vorwärts, rückwärts, mit oder ohne Zwischenhüpfer,...)		4 Sprungseile
Geräteabbau		
Ausklang		
Haltet die Kiste frei: 25-30 Bälle unterschiedlicher Art (Tennisbälle, Gymnastikbälle, Basketbälle aus den Stationen) werden alle in einen offenen Kasten gelegt; 2 Schüler werfen nun so schnell sie können alle Bälle aus dem Kasten; die anderen Schüler versuchen das zu verhindern, indem sie durch die Halle laufen, schnell alle Bälle einsammeln und in den Kasten zurücklegen; gelingt es den beiden Schülern den Kasten für einen Moment ganz frei zu machen, so haben sie gegen den Rest der Klasse gewonnen	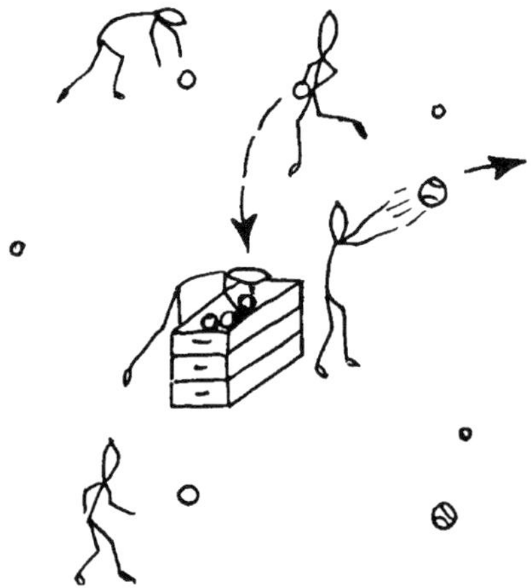	1 offener Kasten, 25-30 Bälle

Thema: Förderung der Wurfgeschicklichkeit an Wurfstationen II (Zirkel)		
Inhalt	**Hinweise/Organisation**	**Geräte**
Erwärmung		
Goldsuche in China: siehe Kap. IV (beliebte kleine Sportspiele)		30-35 unterschiedliche Bälle
Leistungsphase		
Besprechung der Pinnwand Geräteaufbau		
1. Station: Auf den Spalt zweier parallel gestellter Langbänke wird vorne ein Basketball gelegt; die Schüler versuchen mit Tennisbällen aus ca. 4-5 m Entfernung den Basketball zu treffen, so daß dieser nach hinten rollt		12 Tennisbälle, 2 Langbänke, 1 Basketball
2. Station: Die Schüler werfen mit Tennisbällen auf einen aus Bananenkisten gebauten Turm und versuchen diesen zum Einsturz zu bringen		12 Tennisbälle, 10 Bananenkisten

3. Station: Vor einer quergestellten Langbank befinden sich drei Fahrradreifen in unterschiedlichem Abstand (2 m, 3 m und 4 m); die Schüler versuchen zunächst aus dem ersten Reifen einen Medizinball über die Langbank zu stoßen, dann aus dem zweiten Reifen und schließlich aus dem dritten		3 Fahrradmäntel, 1 Langbank, 4 Medizinbälle
4. Station: Quer zu den Kletterstangen werden 2 Baustellenbänder gespannt, so daß quadratische Felder entstehen; die Schüler versuchen nun mit Tennisbällen aus einem vorgegebenem Abstand in diese Felder zu treffen	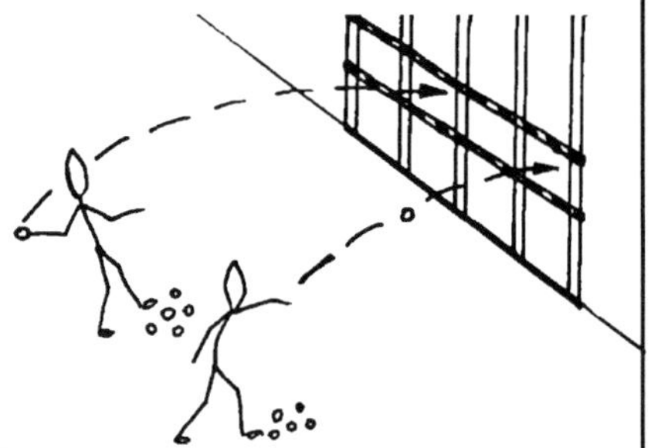	2 Baustellenbäänder, 12 Tennisbälle
5. Station: 2 blaue Matten liegen ca. 2-3 m von einer Hallenwand entfernt, die Schüler stehen hinter den Matten und werfen Gymnastikbälle mit so viel Kraft gegen die Hallenwand, daß sie beim Rückflug auf einer der Matten auftippen	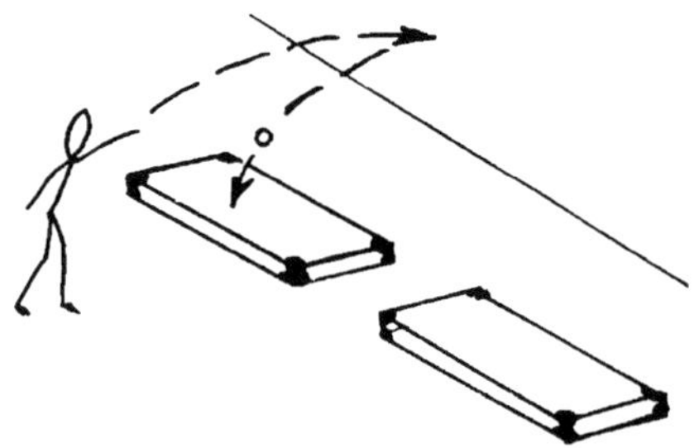	4 Gymnastikbälle, 2 blaue Matten

6. Station. Jeweils 2 Schüler spielen sich einen Volleyball mit einem Bodenkontakt zu; der Bodenkontakt sollte in einem der beiden ausgelegten Fahrradreifen erfolgen	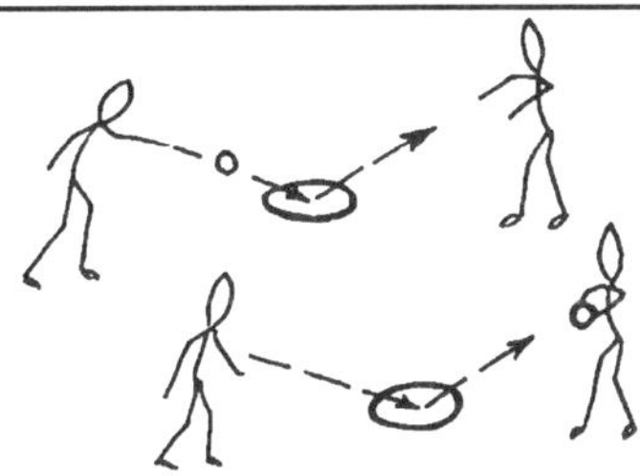	2 Volleybälle, 2 Fahrradmäntel
7. Station: Quer zu den Kletterstangen werden 2 Baustellenbänder schräg gespannt; die Schüler versuchen mit Gymnastikbällen zunächst in das unterste abgeteilte Feld zu treffen; ist dies gelungen, versuchen sie es mit dem Nächsthöheren usw.	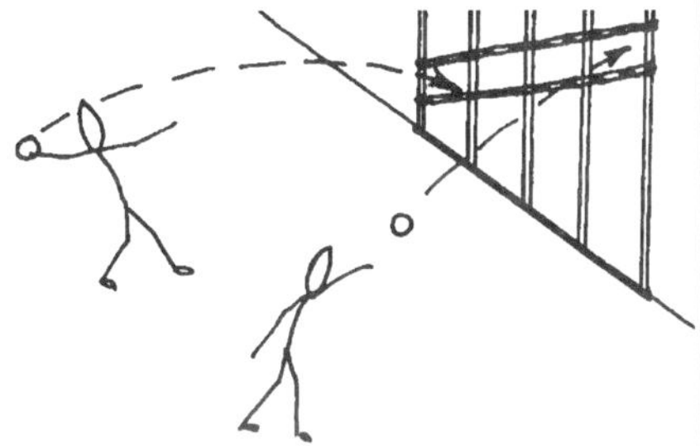	2 Baustellenbänder, 4 Gymnastikbälle
8. Entlastungsstation: Quer über einen Kastendeckel wird eine umgedrehte Langbank gelegt; die Schüler balancieren über diese Bankwippe		1 Kastendeckel, 1 Langbank, 4 blaue Matten
Geräteabbau		

Ausklang		
Nimm schnell!: 3 Schüler (Hasen) bekommen einen Ball und müssen vor drei ausgewählten Mitschülern (Jäger) fliehen; fühlt sich eine „Hase“ in Gefahr oder wird müde, so kann er den Ball mit dem Zuruf „Nimm schnell!“ an einen anderen Schüler weitergeben (nicht werfen!) und hat somit einen neuen Hasen bestimmt; Fängt ein Jäger einen Hasen (Schüler mit Ball in der Hand), so tauschen die beiden ihre Rollen		3 Bälle

Thema: Kräftigung der Beinmuskulatur (Zirkel)		
Inhalt	**Hinweise/Organisation**	**Geräte**
Erwärmung		
Hampelmann: Die Schüler laufen auf Musik durch die Halle; stopt die Musik, dann sucht sich jeder schnell einen Partner, stellt sich ihm gegenüber und führt 5 Hampelmannsprünge durch; danach wird weitergelaufen		
Leistungsphase		
Besprechung der Pinnwand Geräteaufbau		
1. Station: Banksteigen: die Schüler führen Wechselsprünge an der Langbank durch (Ganzkörperstreckung!)	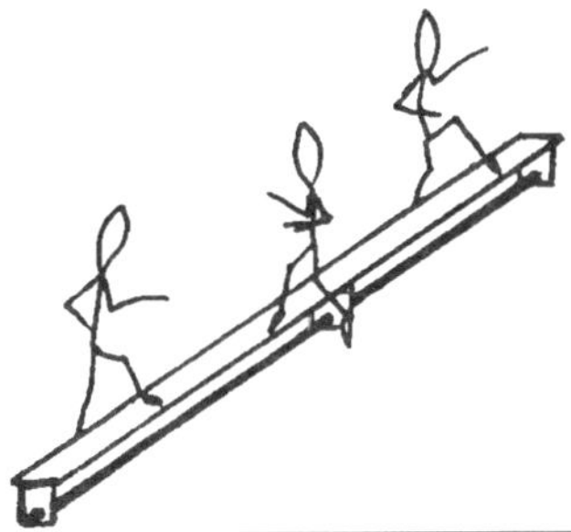	1 Langbank

2. Station: Gummihupf: Ein Hosengummi wird um einen Minikasten und die Beine eines Schüler gespannt; ein anderer Schüler führt freie oder vorgegebene Sprungkombinationen durch; Partnertausch		2 Hosengummi, 2 Minikästen
3. Station: Die Schüler durchspringen eine gelegte Reifenbahn (ähnlich zum Kästchenhüpfen); ein Schüler gibt eine Sprungkombination vor, die anderen springen sie nach (z.B. rechts, rechts, links, rechts, links, beide Beine,...)		10-12 Gymnastikreifen oder Fahrradmäntel
4. Station: Die Schüler überklettern mit einem kräftigen Absprung 2 Kästen		2 Kästen, 2 Niedersprungmatten

5. Station: Sackhüpfen: die Schüler umhüpfen in einem Leinensack 2 Hütchen	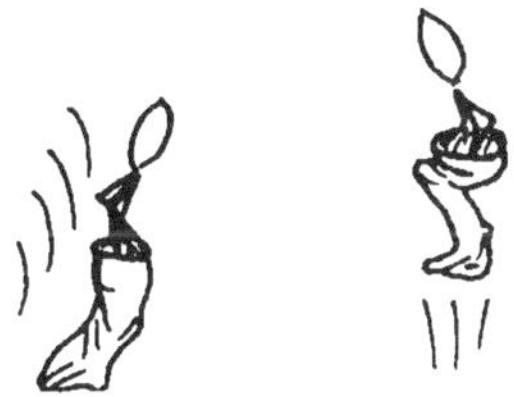	2 Hütchen, 4 Leinensäcke
6. Station: Seilspringen nach freier Wahl (vorwärts, rückwärts, mit und ohne Zwischenhüpfer)		4 Springseile
7. Station: Der Schüler steigt auf die unterste Stufe einer Sprossenwand und hält sich schulterhoch an einer Sprosse fest; nun springt er mit beiden Beinen einige Sprossen höher und faßt erst mit den Händen nach, sobald er wieder fest steht; oben angekommen klettert oder springt er hinunter	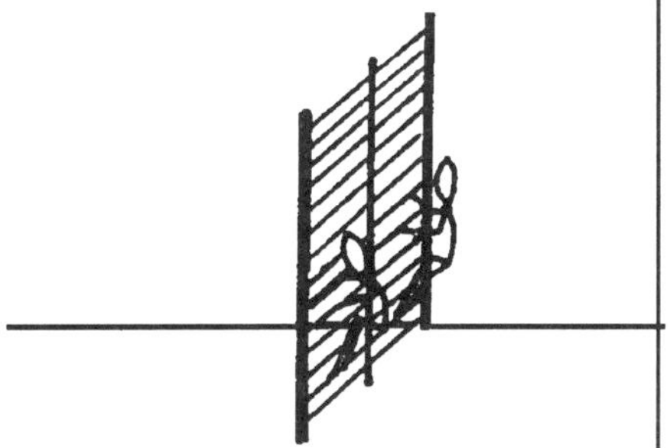	1 Sprossenwand, 1-2 blaue Matten oder Niedersprungmatten

8. Entlastungsstation: Die Schüler versuchen mit Minibasketbällen Korbwürfe zu erzielen		4 Minibasketbälle, 1 Basketballkorb
Geräteabbau		
Sackhüpfstaffel: 4 Mannschaften führen gegeneinander eine Pendelsackhüpfstaffel um Hütchen durch; kommt der erste der Mannschaft zu seiner Gruppe zurück, so schlüpft er schnell aus seinem Sack heraus und übergibt diesen dem zweiten seiner Mannschaft; dieser hüpft dann ebenfalls eine Runde um das aufgestellte Hütchen; wenn alle Schüler einer Mannschaft gehüpft sind, ist der Durchgang beendet (Welche Gruppe schafft es am schnellsten?)		4 Hütchen, 4 Leinensäcke

Thema: Schulung koordinativer Fähigkeiten (Zirkel)

Inhalt	Hinweise/Organisation	Geräte
Erwärmung		
Linienlaufen: Die Schüler laufen bei Musik nur auf den Hallenlinien, wobei sie auf den **schwarzen Linien im Hopserlauf** laufen, auf den **blauen Linien** im **Vierfüßlergang** gehen und auf den **weißen Linien normal** laufen; treffen sich 2 Schüler auf einer Linie, so muß sich einer der beiden bücken und der andere darübersteigen		
Leistungsphase		
Besprechung der Pinnwand Geräteaufbau		
1. Station: Die Schüler wippen zu viert auf einer Schaukelwippe, gebaut aus einem niedrigen Kasten und einer umgedrehten Langbank	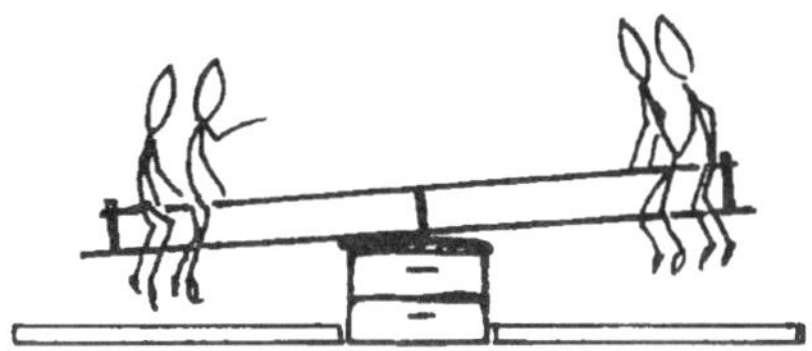	Kasten, Langbank, 2 blaue Matten

2. Station: Unter 2 Kastendeckel werden Medizinbälle gelegt; die Schüler versuchen über diesen Wackelsteg zu balancieren		2 Kastendeckel, 6 Medizinbälle
3. Station: Zwei Schüler balancieren von beiden Seiten über eine Langbank; in der Mitte müssen sie aneinander vorbei (gegenseitig festhalten) und anschließend weiterbalancieren (bei leistungsstarken Gruppen kann die Langbank auch umgedreht werden)		1 Langbank
4. Station: Die Schüler gehen über ein Tau und transportieren gleichzeitig einen Tennisball auf einer Klorolle		1 dickes Tau, 4 Klorollen, 4 Tennisbälle

5. Station: Stocktreiben: Ein Gymnastikstab wird mit Hilfe zweier weiterer Gymnastikstäbe im Slalom um 3 Hütchen hin und zurück geführt (Stockübergabe an den Partner nach einer Runde); Durchführung an 2 parallelen Stationen	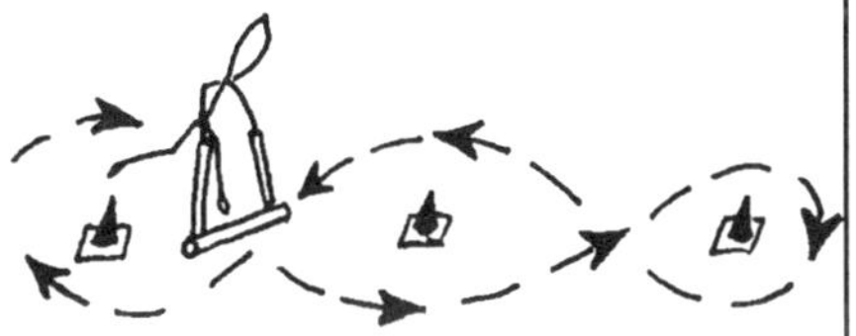	6 Gymnastikstäbe, ca. 6 Hütchen
6. Station: Slalomlauf: Die Schüler laufen im Slalom durch hochkant aufgestellte Kastenteile, ohne diese zu berühren		ca. 6 Kastenteile
7. Station: Die Schüler balancieren über einen rollenden Steg (unter eine umgedrehte Langbank werden Gymnastikstäbe gelegt (Station mit Minikästen an den Enden der Langbank absichern!!!)		1 Langbank, ca. 10 Gymnastikstäbe, 2 Minikästen

8. Entlastungsstation: Die Schüler klettern auf eine Sprossenwand und springen oder klettern auf der anderen Seite wieder hinunter		1 ausgeklappte Sprossenwand, 2 Niedersprungmatten
Geräteabbau		
Ausklang		
Stocktreibstaffel: siehe 5. Station		6 Gymnastikstäbe, 12 Hütchen
Straßenbahnfahrt: In der Halle liegen Kastenteile verteilt; die Schüler laufen auf Musik um die Kastenteile herum; stopt die Musik, dann ruft der Lehrer eine Zahl; gemäß dieser Zahl müssen die Straßenbahnen (Kastenteile) gefüllt werden; eine richtig gefüllte Straßenbahn darf so lange durch die Halle fahren, bis die Musik wieder spielt; übriggebliebene Schüler müssen solange aussetzen		7-8 Kastenteile

Thema: Allgemeine Kraft-, Ausdauer- und Koordinationsschulung (Zirkel)		
Inhalt	**Hinweise/Organisation**	**Geräte**
Erwärmung		
Hände klatschen: Die Schüler laufen auf Musik frei durch die Halle; bei Musikstopp suchen sie sich schnell einen Partner, klatschen diesem dreimal in die Hände und laufen dann weiter. (Variation: Hände schütteln; einhacken und im Kreis drehen)		
Leistungsphase		
Besprechung der Pinnwand Geräteaufbau		
1. Station: Die Schüler klettern auf der linken Seite einer Sprossenwand in die Höhe und setzen sich oben angekommen auf die Langbank, die auf der rechten Seite der Sprossenwand eingehängt wurde; nun können sie hinunterrutschen.		Sprossenwand, 1 Langbank, 3 blaue Matten

2. Station: Die Schüler balancieren über eine Bankwippe (eine umgedrehte Langbank wird auf einen Kastendeckel gelegt)		1 Kastendeckel, 1 Langbank, 4 blaue Matten
3. Station: Seilspringen nach freier Wahl (vorwärts, rückwärts, mit oder ohne Zwischenhüpfer,...)		4 Springseile
4. Station: Die Schüler kriechen oder ziehen sich auf dem Bauch auf einer Teppichfliese liegend durch einen aus Matten und Langbänken gebauten Tunnel (Matten werden zwischen zwei Langbänke gespannt)	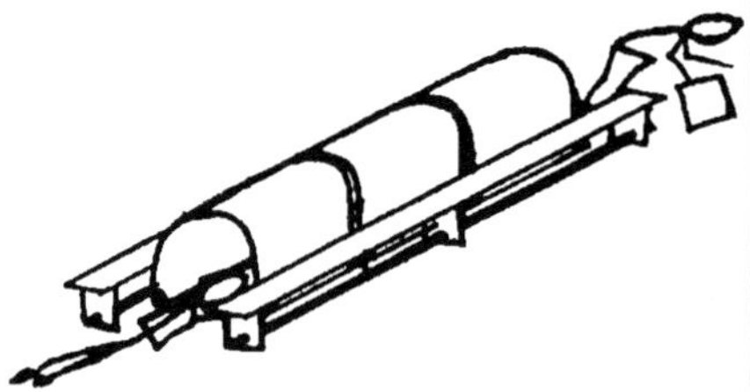	2 Langbänke, 3 blaue Matten, 4 Teppichfliesen

5. Station: Jeweils zwei Kinder spielen einen Luftballon über eine gespannte Zauberschnur hin und her	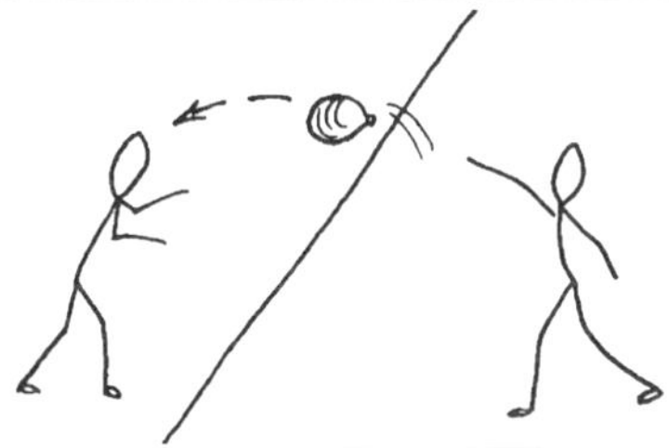	2 Luftballons, 1 Zauberschnur
6. Station: Die Schüler schwingen an den Tauen von einem Minikasten zum anderen (Abstand ca. 3m) und versuchen dort zu landen; zurückschwingen; Seilübergabe an den Partner	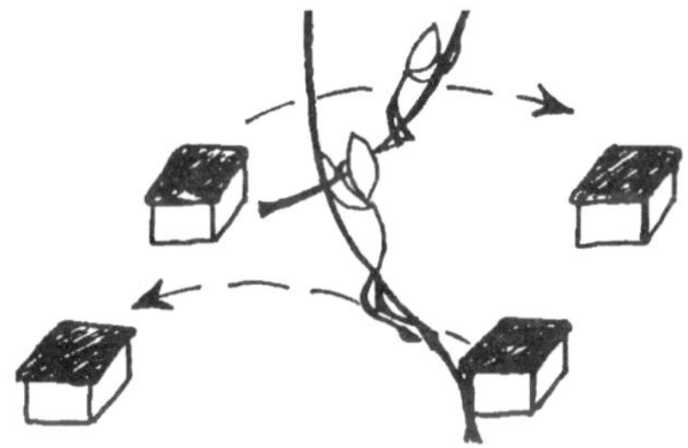	4 Minikästen, 2 Taue, blaue Matten oder Niedersprungmatten
7. Station: Ein Kind klettert auf der rechten Seite einer Sprossenwand in die Höhe, ein anderes Kind auf der linken Seite; oben angekommen wechseln sie ihre Plätze (ein Schüler drückt sich ganz fest an die Sprossenwand, der andere hält sich mit langen Armen gut fest und überklettert ihn) und klettern wieder ab		1 Sprossenwand, 1 Niedersprungmatte

8. Station: Ein Schüler klemmt einen Softball mit den Füßen ein und gibt ihn im Sitzkreis weiter	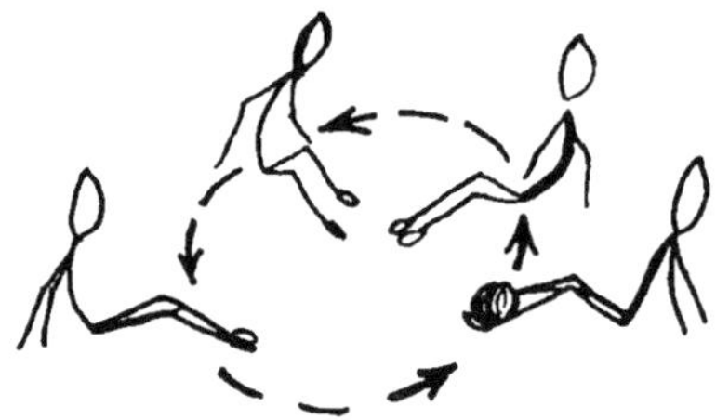	1 Softball
Geräteabbau		
Ausklang		
Tippfangen: - Ca.7 Schüler sitzen mit geschlossenen Augen im Kreis (mehrere Kreise bilden); ein Schüler schleicht um den Kreis und tippt einen Mitschüler an. - Dieser springt auf und versucht den davonlaufenden Mitschüler zu fangen, ehe dieser die Tür zur Kabine erreicht. - Gelingt ihm das, so darf er zum Umziehen gehen; gelingt es ihm nicht, dann geht der davonlaufende Schüler in die Kabine - Der Übriggebliebene schleicht erneut um den Kreis und tippt einen Mitschüler an	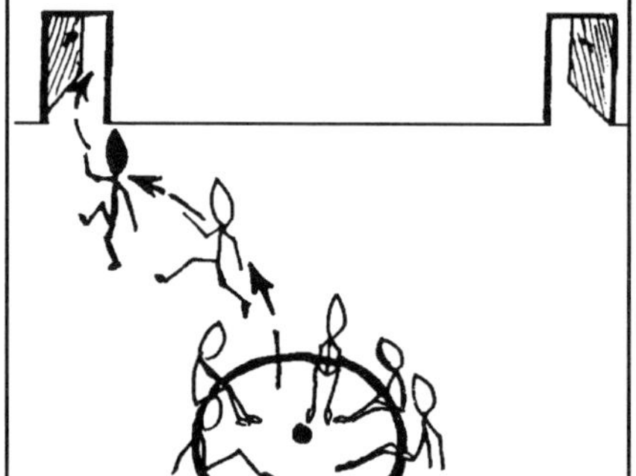	

Thema: Ausgleich von Koordinationsschwächen mit Hilfe alternativer Sportgeräte (Zirkel)		
Inhalt	**Hinweise/Organisation**	**Geräte**
Erwärmung		
Platzsuchspiel: In der Halle liegen Fahrradmäntel verteilt; die Schüler laufen auf Musik um die Reifen; stopt die Musik, so sucht sich jeder Schüler schnell einen Reifen und stellt sich hinein (die Anzahl der Reifen kann variieren, so daß nicht jeder Schüler einen findet)		Fahrradmäntel im Klassensatz
Leistungsphase		
Besprechung der Pinnwand Geräteaufbau		
1. Station: Die Schüler klettern mit einem Bierdeckel auf dem Kopf an einer ausgeklappten Sprossenwand hoch, ohne diesen zu verlieren; oben angekommen dürfen sie den Bierdeckel abwerfen, auf die andere Seite der Sprossenwand klettern und dort hinunterspringen oder abklettern; verliert ein Schüler vorher seinen Bierdeckel, so muß er sofort wieder abklettern und es noch einmal versuchen	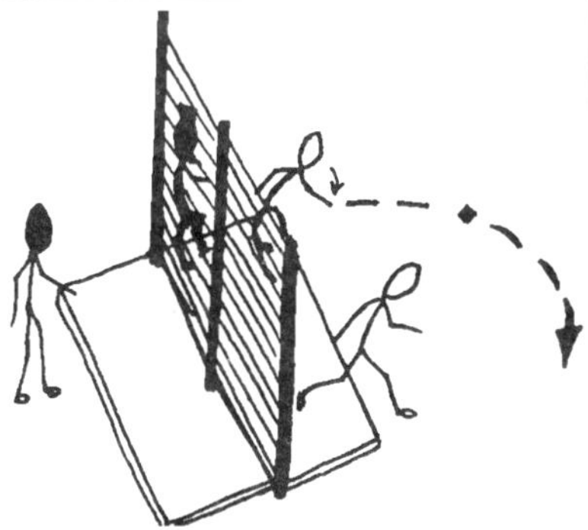	4 Bierdeckel, Sprossenwand, 2 Niedersprungmatten

2. Station: Die Schüler werfen einen Korken in die Höhe und versuchen diesen mit einem Joghurtbecher aufzufangen Variation: sich gegenseitig den Korken zuwerfen		4 Joghurtbecher, 4 Korken
3. Station: Die Schüler balancieren über eine umgedrehte Langbank, auf der Joghurtbecher stehen		1 Langbank, ca. 8 Joghurtbecher
4. Station: 4 Schüler versuchen 5 Lufballons mit Schlägen in der Luft zu halten		5 Luftballons

5. Station: Ein Schüler versucht einen Fahrradreifen über einen Mitschüler zu werfen; dieser befindet sich in 2-3 m Entfernung und darf sich bewegen, um leichter in den Reifen einzutauchen; Partnerwechsel	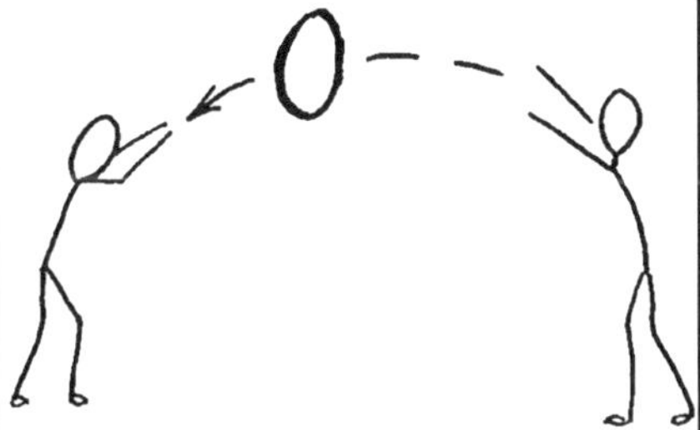	2 Fahrradmäntel
6. Station: 2 Schüler balancieren mit einer Klorolle zwischen den Nasen über eine umgedrehte Langbank; der eine vorwärts, der andere rückwärts (Vorsicht am Ende der Langbank!)		1 Klorolle, 1 Langbank
7. Station: Je 2 Schüler spielen sich mit den Deckeln einer Keksdose einen Softball hin und her	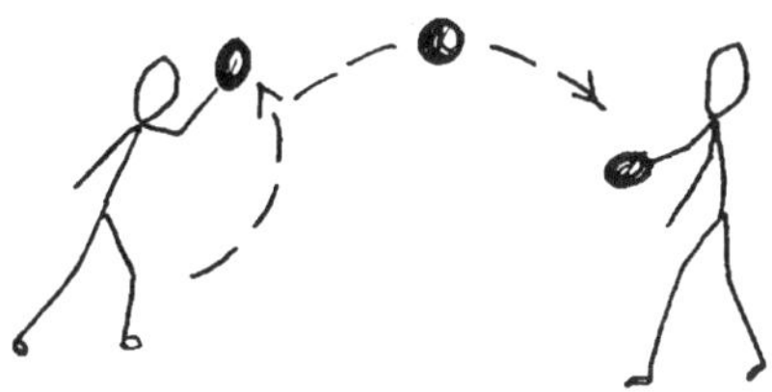	4 Keksdosendeckel, 2 Softbälle

8. Entlastungsstation: Die Schüler hüpfen in Leinensäcken um aufgestellte Hütchen (je 2 Schüler nehmen einen Sack und geben ihn nach einer Hüpfrunde ihrem Partner,...)		2 Leinensäcke, 2 Hütchen
Geräteabbau		
Ausklang		
Reifenfangsti: Ein Fänger versucht seine Mitschüler durch Überstülpen eines Fahrradreifens zu fangen; ein gefangener Schüler darf den Reifen behalten und wird zum Mitfänger; der ursprüngliche Fänger holt sich einen neuen Reifen; das Spiel dauert so lange, bis alle Reifen aufgebraucht sind		ca. 15 Fahrradmäntel

III. Gerätebahnen mit Bewegungsgeschichten

Vorbemerkungen zu den Gerätebahnen mit Bewegungsgeschichten

Gerätebahnen dienen der allgemeinen Kraft-, Ausdauer- und Koordinationsschulung. Die dazugehörige Bewegungsgeschichte versetzt Kinder in eine Fantasiewelt und läßt sie unterschiedlichste Abenteuer erleben.
Die Geräte werden wie beim Zirkel, nach der Erwärmung, von festen Schülergruppen mit Hilfe der Pinnwand aufgebaut (siehe Vorbemerkungen zum Stationstraining).
Bei Gerätebahnen erfolgt jedoch ein Überwinden der Geräte im Strom, ohne länger an einem Gerät zu verweilen.
Zu Beginn verteilen sich die Schüler gleichmäßig an den Geräten und überwinden den Hindernisparcour solange die Musik spielt.
Der Musikstop bedeutet immer eine Ruhephase (Durchführung dieser Pause: siehe Stundenbilder). Zusätzlich dient er jedoch auch der Neuverteilung der Schüler, denn nach gewisser Zeit kann es an manchen Geräten, die schwierig zu überwinden sind zu Stauungen kommen.
Da nicht jede Schule gleich ausgestattet ist, muß der Ablauf der Geräte und die Geschichten möglicherweise geändert werden.
Natürlich besteht auch die Möglichkeit, die Vorschläge der einzelnen Gerätebahnen zu kombinieren und sich selbst eine neue Geschichte dazu auszudenken.
Die Schüler freuen sich bestimmt über neue Bewegungsabenteuer.

Bewegungsgeschichte: Wir klettern im Hochgebirge

Erwärmung:

Heute haben wir einen ganz besonderen Ausflug vor. Es geht hoch hinauf ins Gebirge.
Wir wandern zunächst im Tal über Wiesen und Felder und begrüßen alle entgegenkommenden Wanderer mit Händeschütteln.
Die Dämmerung bricht langsam herein. Völlig erschöpft kuscheln wir uns in unseren Schlafsack, damit wir am nächsten Tag wieder fit sind.

Unsere Wanderung wird allmählich immer beschwerlicher, denn wir sind schon auf 2000 m Höhe. Wandern können wir nicht mehr, weil es so steil wird. Jetzt beginnt also unsere Klettertour.

Leistungsphase:

Wir überwinden als erstes eine **steile Kletterwand** und seilen uns auf der anderen Seite ab (1). Unsere Tour führt weiter über einen Gebirgsfluß, den wir mit **Kanus** überqueren müssen (2). Plötzlich entdecken wir eine **Berghöhle,** die wir natürlich erkunden (3). Weiter gehts über **hohe Felsen** (4) und schließlich gelangen wir in ein Skigebiet. Da nehmen wir natürlich den **Skilift,** um Kräfte zu sparen (5), und fahren die **Slalomabfahrt** (6) hinunter. Als letztes müssen wir nur noch einen **schmalen Pfad** überwinden, aber selbst das bereitet uns keine Schwierigkeit (7).
Nachts schlüpfen wir in unser Zelt und ruhen uns aus. Erst bei Sonnenaufgang geht unsere abenteuerliche Bergtour weiter.

Ausklang:

Leider geht unsere schöne Wanderung zuende. Wir bauen unser Zelt ab und schütteln es noch einmal kräftig aus. Beim Zurückwandern winken wir noch einmal unseren Freunden und legen uns zuhause angekommen erschöpft ins Bett.

Wir klettern im Hochgebirge (Hallenplan/Geräteaufbau)

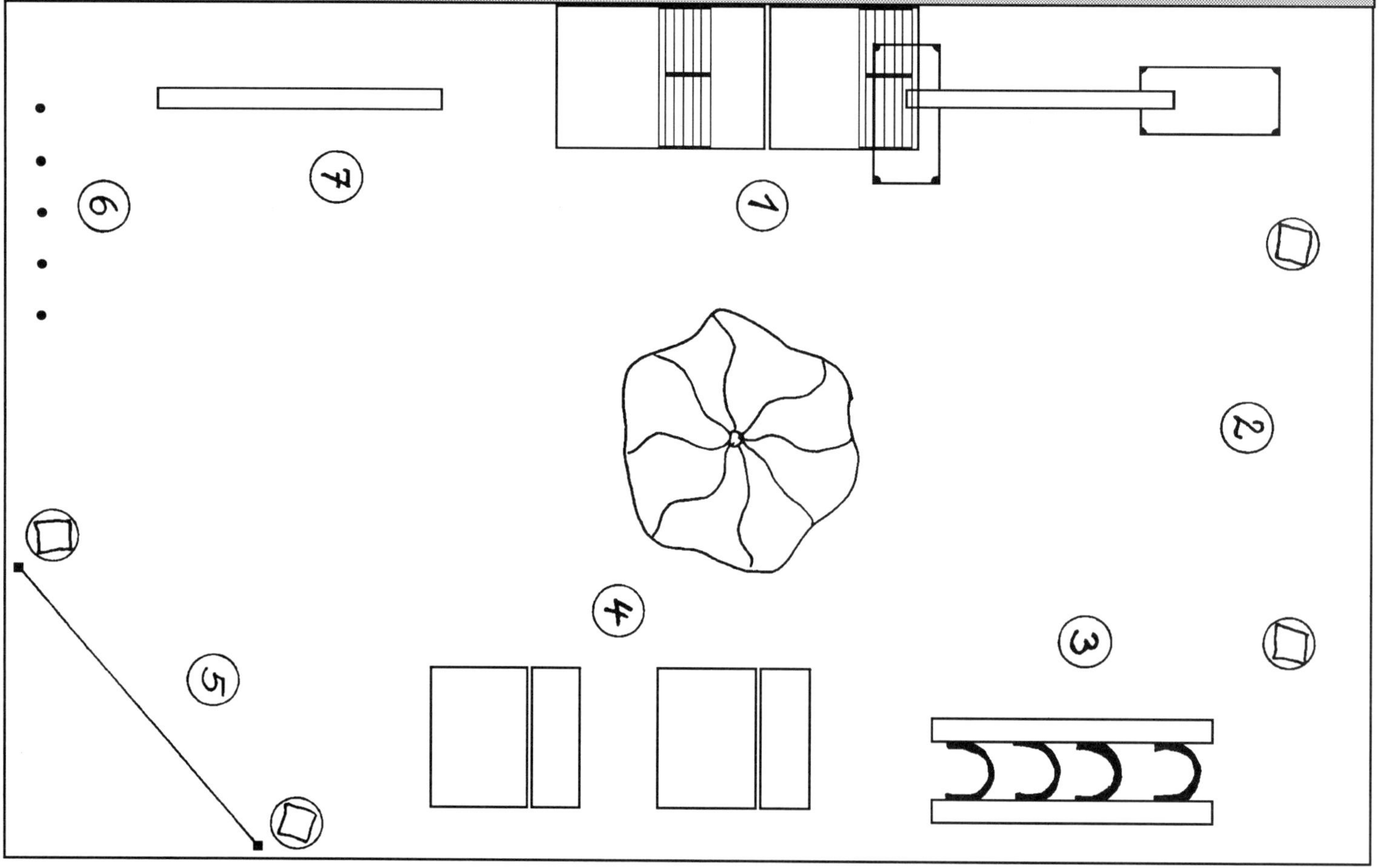

Wir klettern im Hochgebirge (Durchführung)

Ziel: Kräftigung der Arme und des Schultergürtels

Inhalt	Hinweise/Organisation	Geräte
Erwärmung		
Wandern mit Begrüßung: Die Schüler laufen auf Musik durch die Halle und schütteln entgegenkommenden Schülern kurz die Hand; **Musikstop (Dämmerung);** die Schüler laufen schnell in den Hallenmittelkreis und legen sich dort unter das ausgebreitete Schwungtuch; **Musikstart;** die Schüler laufen erneut durch die Halle und begrüßen sich (3-4 Durchgänge)	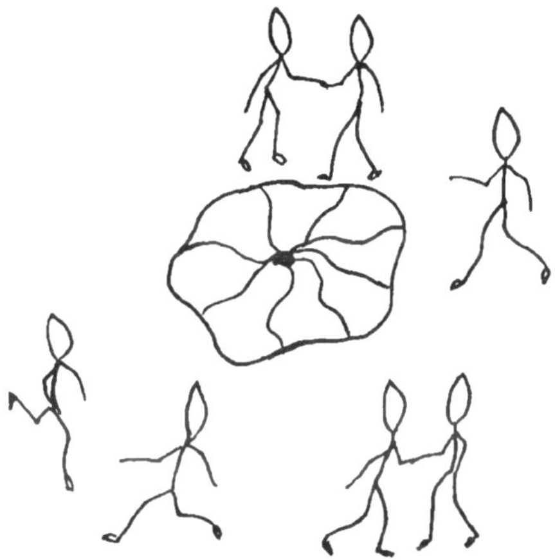	1 Schwungtuch
Leistungsphase		
Besprechung der Pinnwand Geräteaufbau Erzählen der Bewegungsgeschichte Schülerdemonstration an allen Geräten		

1. Kletterwand: Die Schüler überklettern die erste Sprossenwand und steigen dann auf die zweite Sprossenwand; oben angekommen setzen sie sich auf die eingehängte Langbank (Gesicht zur Sprossenwand) und halten sich an dem befestigten Sprungseil fest; nun seilen sie sich langsam im Sitzen ab		2 Sprossenwände, 1 Langbank, 1 Sprungseil, 2 blaue Matten, 3 Niedersprungmatten
2. Kanufahrt: Die Schüler knien sich auf eine Teppichfliese und ziehen sich voran (die Teppichfliesen müssen nach einer gewissen Zeit wieder zurückgelegt werden!)		ca. 15 Teppichfliesen, 2 Gymnastikreifen
3. Berghöhle: Die Schüler legen sich auf den Bauch und robben durch einen aus Langbänken und Matten gebauten Tunnel	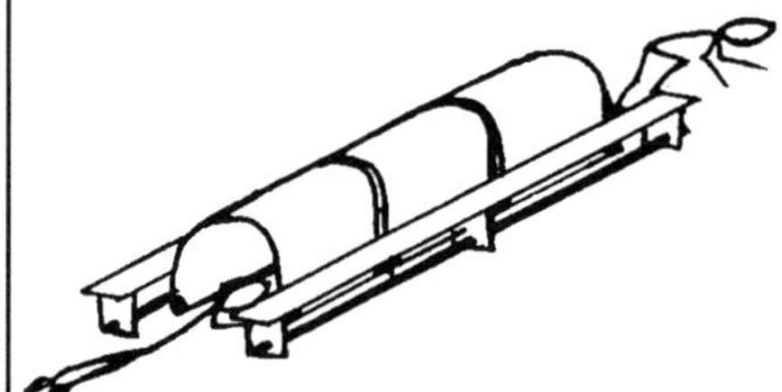	2 Langbänke, 3 blaue Matten

4. Hohe Felsen: Die Schüler überklettern zwei quergestellte Kästen		2 Kästen, 2 blaue Matten oder Niedersprungmatten
5. Skilift: Die Schüler stellen sich auf eine Teppichfliese und ziehen sich mit den Händen an einem gespannten Tau vorwärts (Teppichfliesen nach gewisser Zeit zurücktragen!)	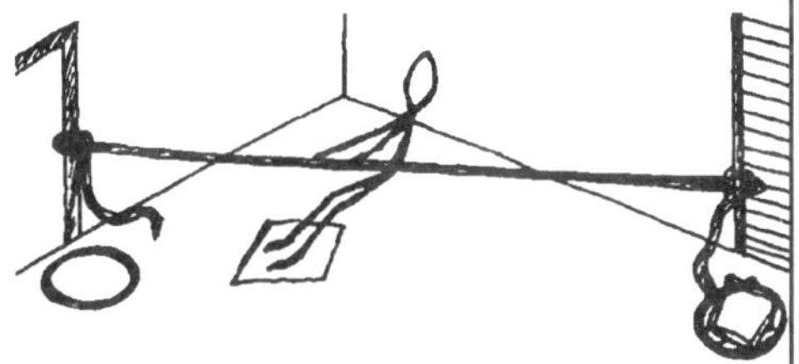	1 Tau, ca. 15 Teppichfliesen, 2 Gymnastikreifen
6. Slalomabfahrt: Die Schüler laufen im Slalom um die Kletterstangen		Kletterstangen
7. schmaler Pfad: Die Schüler legen sich auf die Langbank und ziehen sich mit den Händen darüber		1 Langbank

**Die Schüler turnen an der Gerätebahn solange die Musik spielt.
Bei Musikstop (Ruhephase) verläßt jeder sein Gerät, läuft zu dem Schwungtuch im Hallenmittelkreis, um gemeinsam ein Zelt zu bauen (siehe Spiele und Übungsformen mit dem Schwungtuch).
Erst bei Musikstart verteilen sich die Schüler wieder gleichmäßig an den Geräten und durchlaufen den Parcour aufs neue.**

Ausklang		
Zelt ausschütteln: Kräftiges Wedeln mit dem Schwungtuch		1 Schwungtuch
Wanderung nach Hause: Die Schüler fassen das Schwungtuch mit der rechten Hand, laufen gemeinsam im Kreis und winken dabei mit der linken Hand; auf ein akustisches Signal erfolgt ein schneller Handwechsel am Schwungtuch und damit auch ein Wechsel der Laufrichtung	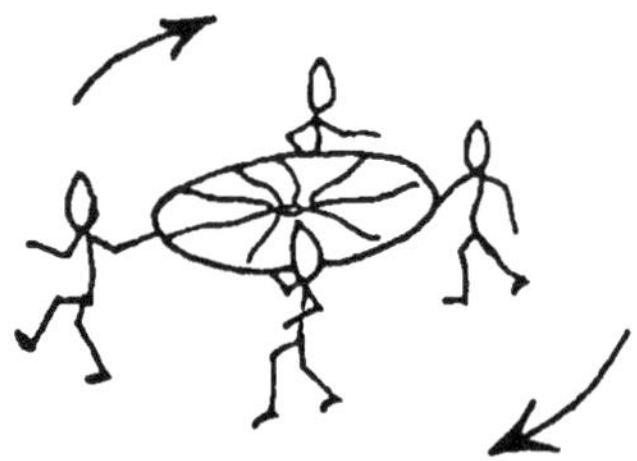	1 Schwungtuch
Bett: Gemeinsames Ausruhen unter dem Schwungtuch mit Entspannungsmusik	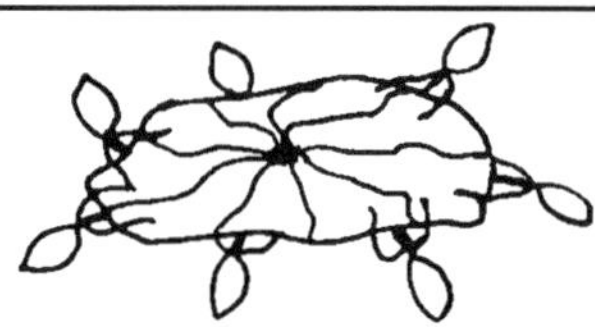	1 Schwungtuch

Bewegungsgeschichte: Wir reisen zum Roboterplanet

Erwärmung:
Heute reisen wir zum Roboterplaneten. Das ist ein gefährliches Unternehmen, denn die Roboter dürfen uns dabei nicht erwischen.
Wenn Roboter in unsere Nähe kommen, dann erkennt man es immer daran, daß der Strom ausfällt.
Das bedeutet für uns höchste Alarmstufe. Wir müssen dann ganz schnell wie versteinert stehenbleiben, um nicht entdeckt zu werden.

Leistungsphase:
Auf dem Roboterplanet gibt es viele interessante Dinge zu erkunden.
Dafür müssen wir jedoch als erstes die **intergalaktische Wand** überwinden (1). Weiter geht es dann durch die **atmosphärischen Luftlöcher** (2), die uns zum **Milchstraßentunnel** bringen (3). Nachdem wir diesen durchkrochen haben, wagen wir den Sprung in das **schwarze Loch** (4). Von dort aus können wir mit **Solarautos** weiterfahren (5). Jetzt sind wir an der gefährlichsten Stelle angekommen, dem **Roboterirrgarten** (6). Hier wohnen die Roboter und damit sie uns nicht erkennen, müssen wir uns so wie Roboter bewegen und den richtigen Weg durch den Roboterirrgarten finden.
Eines darfst du bei deiner Erkundung nicht vergessen. Bei Stromausfall nähern sich die Roboter. Bleibe wie versteinert stehen, dann entdecken sie dich nicht.

Ausklang:
Durch ihre speziellen Wahrnehmungsbrillen haben die Roboter uns nun doch entdeckt. Mit Verwandlungsreifen wollen sie uns nun fangen und ebenfalls in Roboter verzaubern.

Wir reisen zum Roboterplanet (Hallenplan/Geräteaufbau)

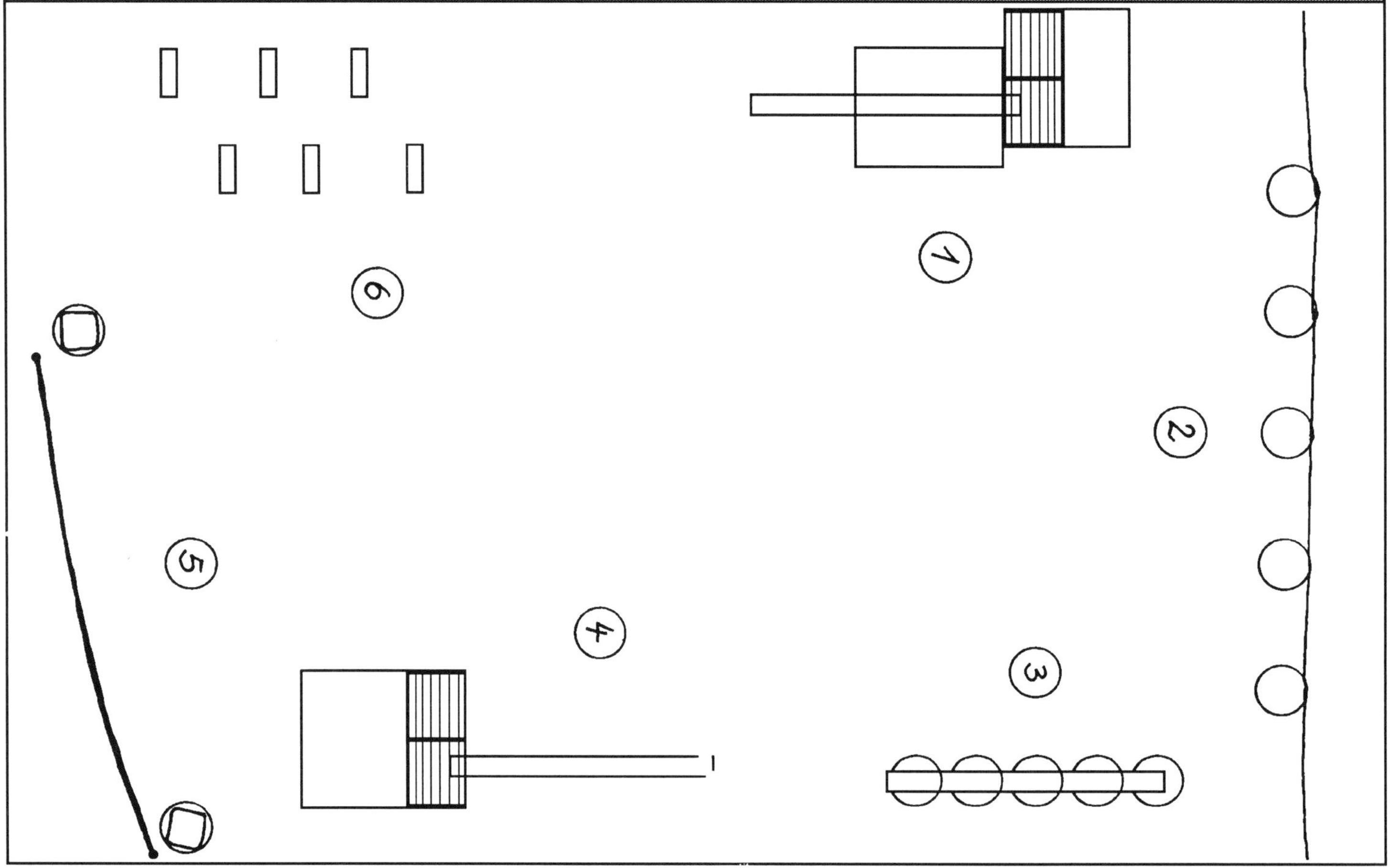

Wir reisen zum Roboterplanet (Durchführung)

Ziel: Allgemeine Kraft-, Ausdauer- und Koordinationsschulung

Inhalt	Hinweise/Organisation	Geräte
Erwärmung		
Stromausfall: Die Schüler laufen auf Musik durch die Halle; stopt die Musik, dann bleiben sie wie versteinert stehen		
Leistungsphase		
Besprechung der Pinnwand Geräteaufbau Erzählen der Bewegungsgeschichte Schülerdemonstration an allen Geräten		
1. Intergalaktische Wand: Eine Langbank wird in die Sprossenwand eingehängt; die Schüler klettern über diese Langbank in die Höhe, überklettern die Sprossenwand und springen oder klettern auf der anderen Seite hinunter		1 ausgeklappte Sprossenwand, 2 Niedersprungmatten

2. Atmosphärische Luftlöcher: An einer Zauberschnur werden Gymnastikreifen befestigt und die Zauberschnur an zwei Aufhängungen befestigt (die Reifen stehen dann auf dem Hallenboden auf); die Schüler kriechen durch die Reifen, ohne diese dabei zu berühren	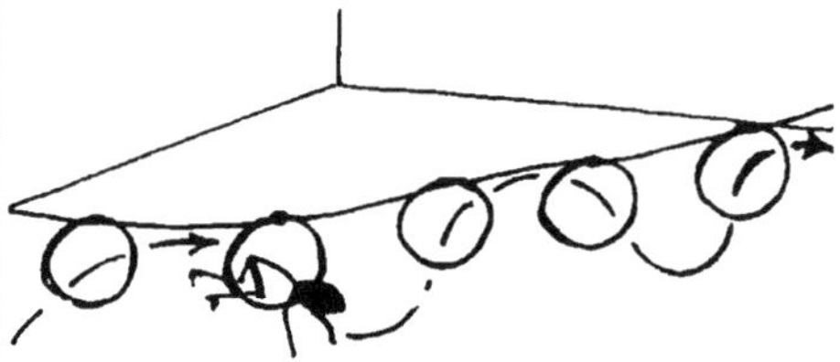	1 Zauberschnur, 5 Gymnastikreifen
3. Milchstraßentunnel: Über eine Langbank werden ca. 5 Gymnastikreifen gestülpt; die Schüler legen sich auf die Langbank und ziehen sich durch den Tunnel	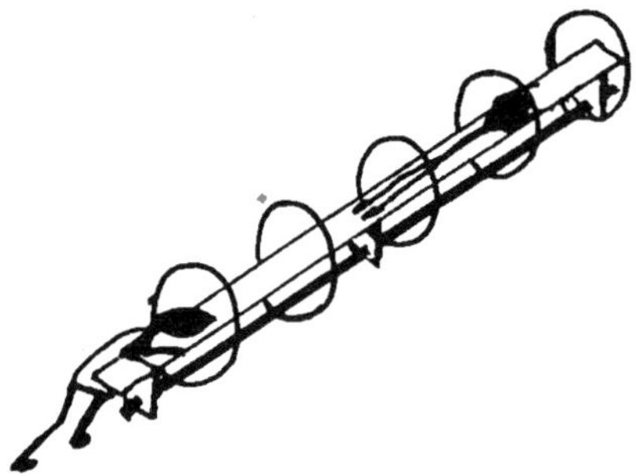	1 Langbank, ca. 5 Gymnastikreifen
4. Schwarzes Loch: In eine Reckstange oder einen Kasten wird eine Langbank eingehängt; die Schüler laufen über die Langbank und springen vom Kasten oder Reck auf eine Niedersprungmatte	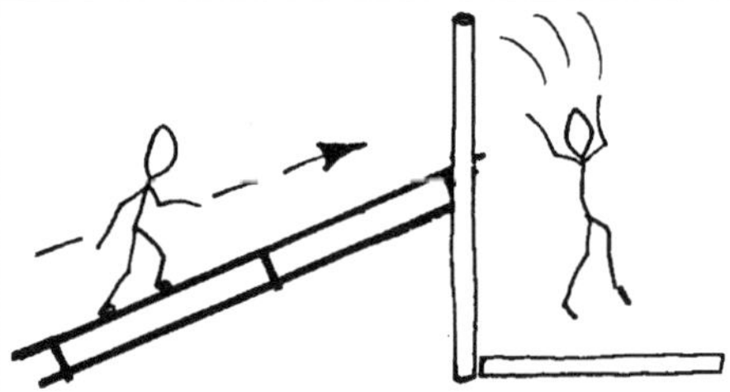	Reck oder Kasten, 1 Langbank, 1 Niedersprungmatte

<table>
<tr><td>5. Solarautos:
An einer Sprossenwand oder anderen Befestigungsmöglichkeiten wird ein Langtau verknotet; am Ende des Langtaus setzen sich die Schüler auf eine Teppichfliese und ziehen sich vorwärts (Teppichfliesen nach gewisser Zeit zurücktragen und im Gymnastikreifen ablegen!)</td><td>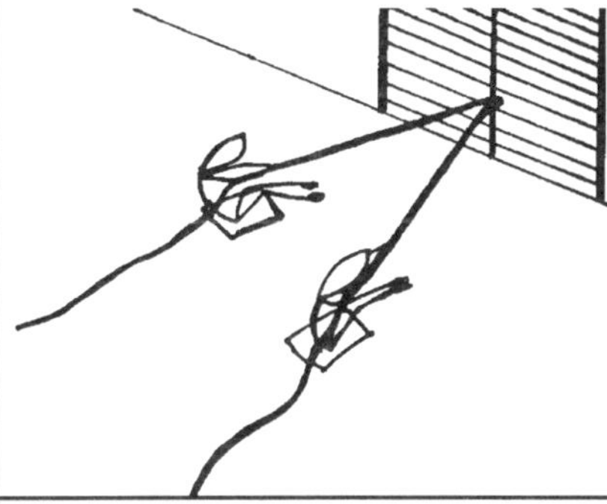</td><td>1 Langtau,
ca. 10 Teppichfliesen,
2 Gymnastikreifen</td></tr>
<tr><td>6. Roboterirrgarten:
5-6 Kastenteile werden hochkant in einer Reihe versetzt aufgestellt; mit abgehackten Roboterbewegungen laufen die Schüler vorwärts und schlüpfen durch die Kastenteile ohne diese umzuwerfen</td><td>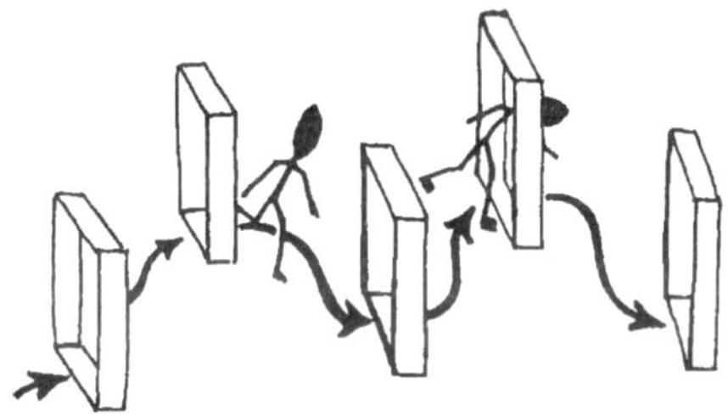</td><td>5-6 Kastenteile</td></tr>
<tr><td colspan="3">Die Schüler turnen an der Gerätebahn solange die Musik spielt.
Bei Musikstop (Ruhephase) bleiben die Schüler wie versteinert stehen und setzen ihre Runde erst wieder bei Musikstart fort</td></tr>
</table>

Ausklang		
Reifenfangsti: Ein „Roboter“ versucht seine Mitschüler durch Überstülpen eines Fahrradreifens zu fangen; der gefangene Schüler behält den Reifen und wird zum Mitfänger (Roboter); der ursprüngliche Fänger holt sich einen neuen Reifen; das Spiel wird solange gespielt, bis alle Schüler in Roboter verwandelt sind		ca. 15 Fahrradmäntel

Bewegungsgeschichte: Wir machen eine Dschungelexpedition

Erwärmung:
Heute machen wir im tiefsten Urwald von Brasilien eine Dschungeltour, um den noch nie gesehenen Königstiger zu finden. Dazu bilden wir 5 Expeditionsgruppen, die losziehen, um das geheime Dschungelgebiet zu erkunden, wo der Königstiger lebt.
Die einzelnen Gruppenmitglieder müssen immer zusammenbleiben, wobei jeder einmal der Gruppenführer sein darf.

Unsere Tour wird nun immer beschwerlicher und wir müssen einige gefährliche Hindernisse überwinden.

Leistungsphase:
Zuerst schwingen wir uns an **Lianen** über den gefährlichen Sumpf (1). Weiter gehts über einen schmalen **Brettersteg** (2). Fall dort nicht hinunter, denn die Krokodile warten schon auf dich. Nun laufen wir schnell durch den **Gestrüppwald** (3), legen uns danach ganz flach auf den Boden und kriechen durch das gefährliche **Kanibalengebiet** (4). Danach klettern wir auf eine **Palme** (5) und halten kurz Ausschau, ob uns auch wirklich keiner der Kanibalen verfolgt. Wieder in Sicherheit, müssen wir eine **Schlucht** überwinden (6) und kommen schließlich zu einer wackeligen **Hängebrücke** (7). Als letztes müssen wir einen See überqueren. Mit kleinen **Einbaumbooten** ist das für uns keine Schwierigkeit (8).
Doch Vorsicht, manchmal zeigt sich der Tiger. Wir müssen uns dann ganz schnell in Sicherheit bringen.

Ausklang:

Am Schluß gelingt es uns doch noch den Tiger mit einem Seil zu fangen. Doch wer ist stärker? Der Tiger oder die Expeditionsgruppe?

Wir machen eine Dschungelexpedition (Hallenplan/Geräteaufbau)

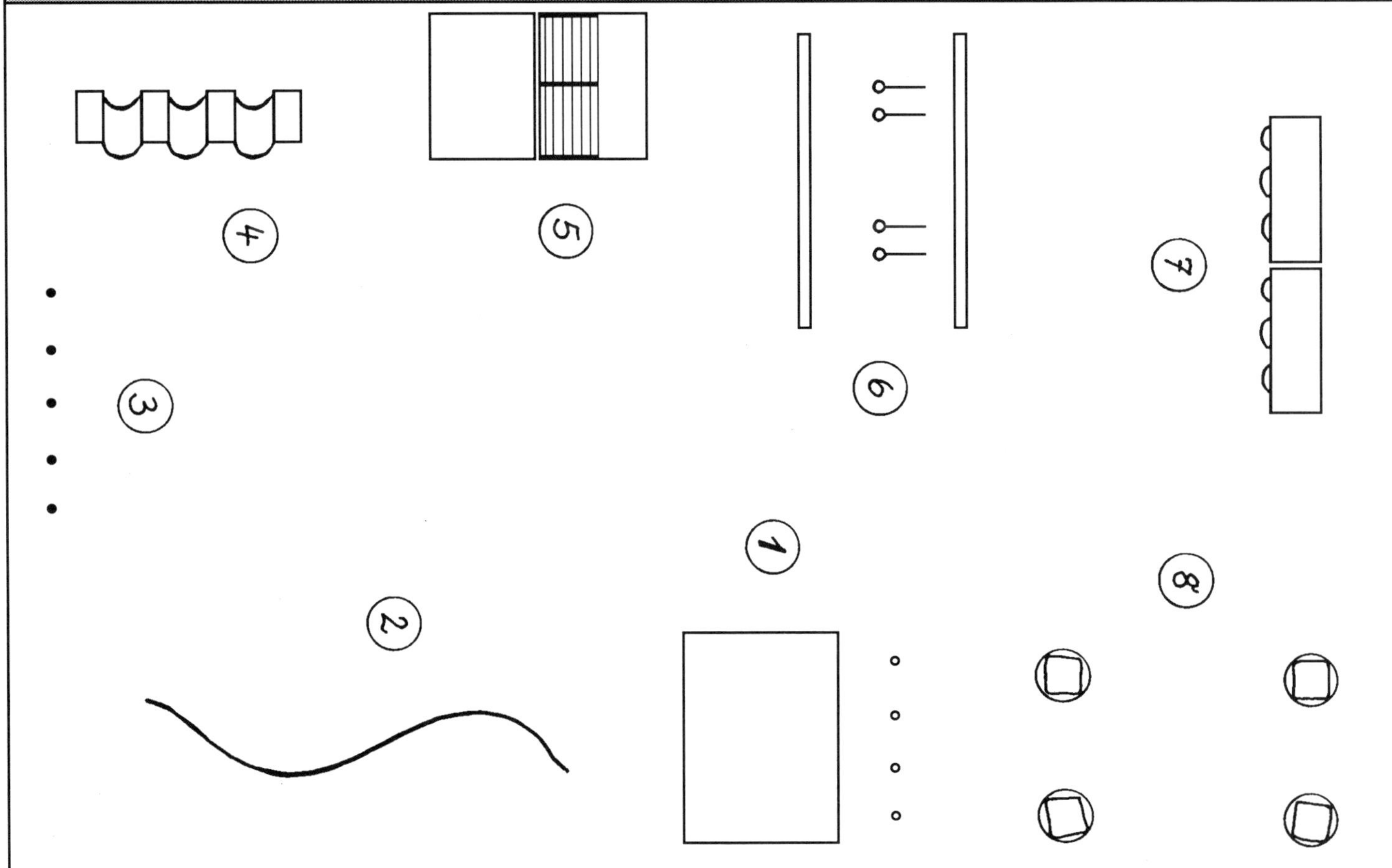

Wir machen eine Dschungelexpedition (Durchführung)		
Ziel: Allgemeine Kraft-, Ausdauer- und Koordinationsschulung		
Inhalt	**Hinweise/Organisation**	**Geräte**
Erwärmung		
Schlangenlaufen: Es werden 5 „Expeditionsgruppen“ gebildet; der Gruppenführer läuft auf Musik frei durch die Halle und führt seine Gruppe an; wird die Musik kurz leise, dann läuft der Letzte jeder Gruppe schnell nach vorne und wird neuer Gruppenführer (jeder Schüler sollte mindestens einmal Gruppenführer sein)		
Leistungsphase		
Besprechung der Pinnwand Geräteaufbau Erzählen der Bewegungsgeschichte Schülerdemonstration an allen Geräten		
1. Lianen: Die Schüler schwingen an den Tauen über eine Weichbodenmatte und lassen sich dort fallen	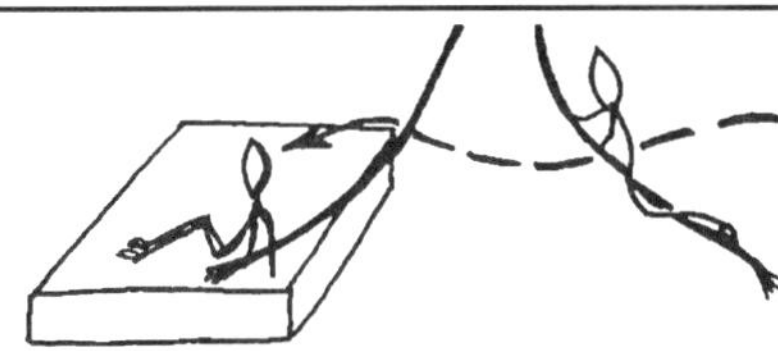	Taue, 1 Weichbodenmatte

2. Brettersteg: Die Schüler balancieren über ein in Schlangen-linie gelegtes Langtau		1 Langtau
3. Gestrüppwald: Die Schüler laufen im Slalom um die Kletter-stangen		Kletterstangen
4. Kanibalengebiet: Zwischen 4 Minikästen werden 3 Matten eingespannt; die Schüler kriechen durch die drei kleinen Tunnels	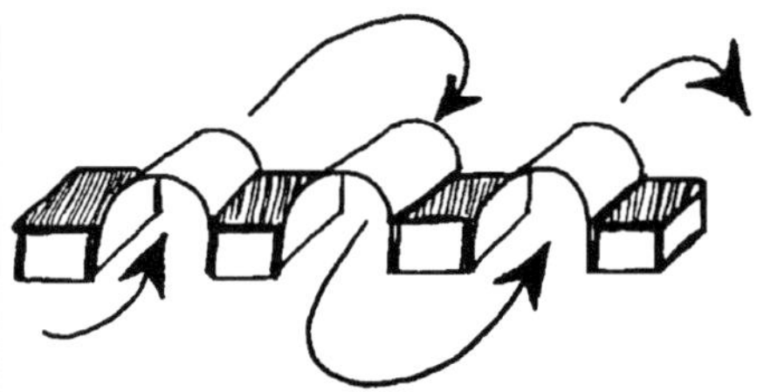	4 Minikästen, 3 blaue Matten

5. Palme: Die Schüler klettern auf eine Sprossenwand, halten kurz Ausschau und klettern oder springen auf der anderen Seite wieder hinunter		1 ausgeklappte Sprossenwand, 2 Niedersprungmatten oder andere Matten
6. Schlucht: Die Schüler schwingen sich an den Ringen hängend von einer Langbank über oder auf eine zweite Langbank in ca. 3 m Entfernung	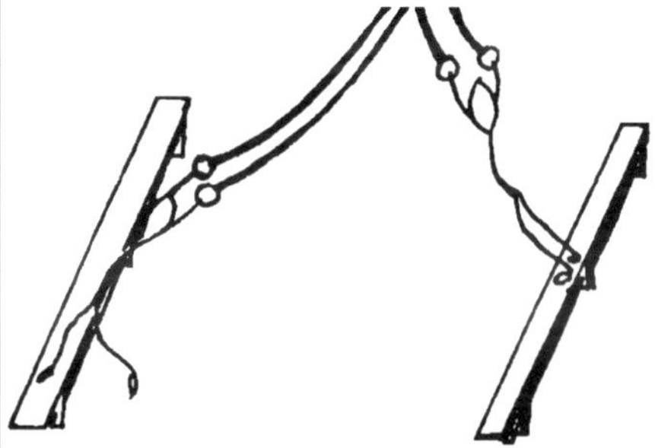	2 Paar Ringe, 2 Langbänke, 4 blaue Matten
7. Hängebrücke: Unter 2 Kastendeckel werden jeweils 3-4 Medizinbälle gelegt; der Kastendeckel ist dadurch leicht erhöht; dieses wackelige Hindernis müssen die Schüler vorsichtig überwinden		2 Kastendeckel, 6-8 Medizinbälle

<table>
<tr><td>8. Einbaum:
Die Schüler setzen sich rückwärts auf eine Teppichfliese und schieben sich mit den Beinen voran</td><td></td><td>15-20 Teppichfliesen,
4 Gymnastikreifen</td></tr>
<tr><td colspan="3">Die Schüler turnen an der Gerätebahn solange die Musik spielt.
Bei Musikstop sichten sie den Tiger und laufen voller Angst in die Umkleidekabine (Ruhepause).
Erst bei Musikstart ist die Gefahr vorbei und die Schüler turnen erneut an den Geräten.</td></tr>
<tr><th>Ausklang</th><th></th><th></th></tr>
<tr><td>Tauziehen:
Die Schüler werden in 2 Gruppen aufgeteilt (Tiger gegen Expedition) und messen im Tauziehen ihre Kräfte</td><td></td><td>1 Langtau</td></tr>
</table>

Bewegungsgeschichte: Wir sind die Piraten der Tikaturainsel

Erwärmung:
Stellt euch vor, wir sind die gefährlichen Piraten der Tikaturainsel. Oft segeln wir über das Meer und plündern andere Schiffe. Doch das Wetter auf dem Meer ist manchmal fürchterlich stürmisch. Da bekommen sogar wir Piraten Angst.
Bei kräftigem **Sturm** legen wir uns einfach in unsere Kojen. Bei **Hochwasser** klettern wir die Masten hoch und bei **Blitz** und **Donner** bleiben wir vor Schreck wie versteinert stehen.

Leistungsphase:
Plötzlich sehen wir ein Schiff an unserer Insel. Wir klettern auf den **Aussichtsturm** (1), um es näher zu betrachten. Dann schleichen wir uns an. Wir kriechen durchs **Gestrüpp** (2) und erreichen schließlich den **wackeligen Steg** am Ufer unserer Insel (3). Nachdem wir diesen überwunden haben steigen wir aufs Schiff. Damit uns keiner entdeckt, klettern wir vorsichtig am äußeren **Schiffsrand** entlang und springen schließlich schnell an Deck (4). Wir **schleichen** (5) weiter zum **Fahnenmast** und klettern dort hinauf um unsere Piratenflagge zu setzen. Doch oh Schreck, die Matrosen des Schiffes haben uns entdeckt und verfolgen uns. Schnell **springen** (6) wir über Bord und **tauchen** (7) bis zu unserer geheimen **Klippenhöhle** (8). Hier können wir ohne Gefahr Luft holen und schließlich ganz auftauchen. Unsere kleine kaputte **Hängebrücke** bringt uns schließlich sicher zur Tikaturainsel zurück (9).
Doch Vorsicht, manchmal wird unsere Insel vom Hochwasser überspült. Dann mußt du dich schnell in Sicherheit bringen und irgendwo hinaufsteigen.

Ausklang:
Langweilig wird es uns Piraten nie, denn wenn wir kein Schiff sichten, dann baden wir gerne im warmen Meer.
Das ist jedoch nur etwas für mutige Piraten, denn im Wasser wimmelt es nur so von Haien. Da müssen wir schon aufpassen, daß wir nicht erwischt werden.

Wir sind die Piraten der Tikaturainsel (Hallenplan/Geräteaufbau)

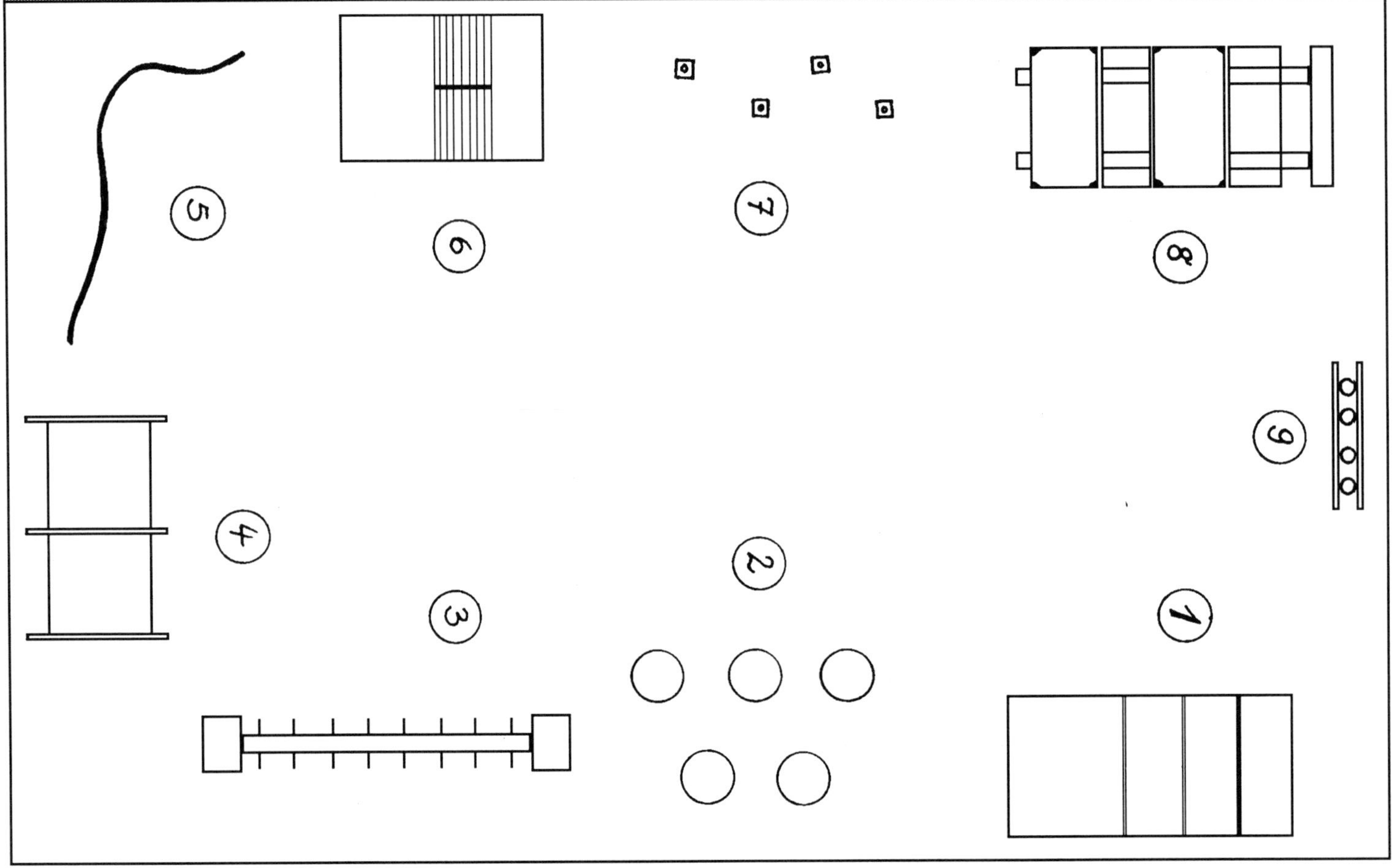

Wir sind die Piraten der Tikaturainsel (Durchführung)

Ziel: Allgemeine Kraft-, Ausdauer- und Koordinationsschulung

Inhalt	Hinweise/Organisation	Geräte
Erwärmung		
Wasser, Blitz und Sturm: Die Schüler laufen frei durch die Halle; ruft der Lehrer Sturm, dann legen sie sich schnell auf den Boden (Kojen); bei Wasser klettern sie die Sprossenwände oder Kletterleitern hoch und bei Blitz bleiben sie wie versteinert stehen		Sprossenwände, Kletterleitern
Leistungsphase		
Besprechung der Pinnwand Geräteaufbau Erzählen der Bewegungsgeschichte Schülerdemonstration an allen Geräten		
1. Aussichtstürme: Die Schüler laufen über die Kastentreppe und springen ab		2 oder 3 Kästen, 1 Niedersprungmatte

2. Gestrüpp: Die Schüler springen in den Reifen, ziehen diesen über den Kopf und legen ihn seitlich ab; dann springen sie in den nächsten Reifen, ...	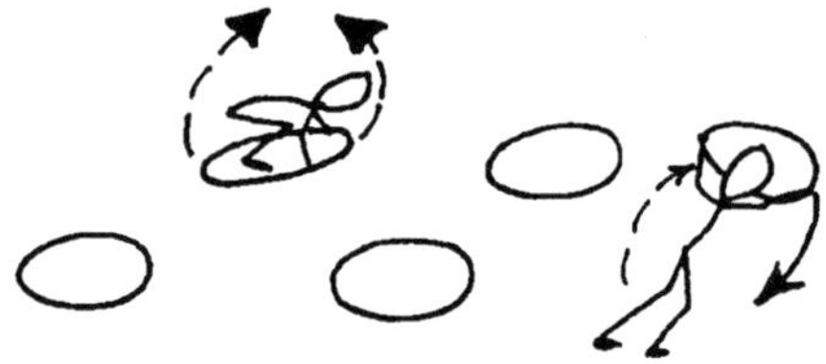	5 Gymnastikreifen oder Fahrradmäntel
3. Wackeliger Steg: Eine umgedrehte Langbank wird auf Gymnastikstäbe gelegt und mit Minikästen gesichert; die Schüler versuchen diesen wackeligen Steg zu überwinden		1 Langbank, 8 Gymnastikstäbe, 2 Minikästen
4. Schiffsrand: Recks werden mit jeweils 2 Reckstangen aufgebaut; die Schüler klettern von Reck zu Reck (Füße auf der unteren Reckstange, Hände an der oberen zum Festhalten)	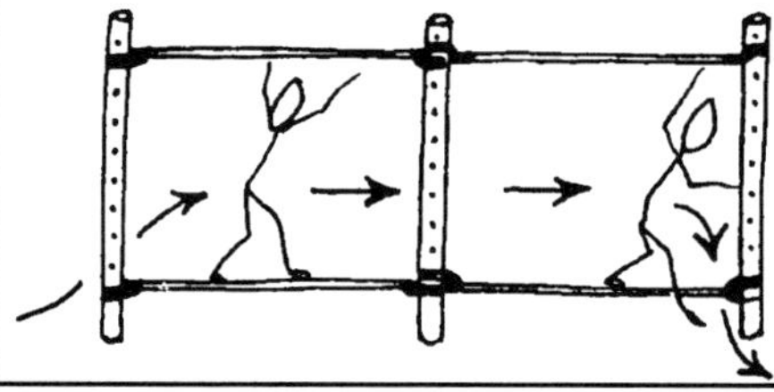	2 Recks, 4 Reckstangen
5. Schleichen: Die Schüler balancieren vorsichtig über ein ausgelegtes Tau		1 Tau

6. Fahnenmast: Die Schüler klettern über eine ausgeklappte Sprossenwand und springen oder klettern auf der anderen Seite hinunter		1 Sprossenwand, 2 Niedersprungmatten
7. Tauchen: Die Schüler legen sich auf den Bauch und ziehen sich im Slalom um aufgestellte Hütchen	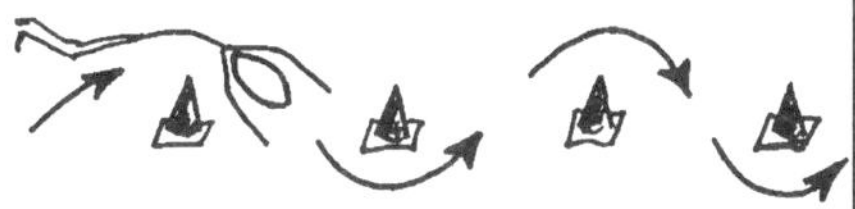	4 Hütchen
8. Klippenhöhle: Über 2 Langbänke werden abwechselnd eine Matte und ein Kastenteil gelegt; das Ende dieses Tunnels wird mit einem Kastendeckel verschlossen; die Schüler kriechen durch diese Höhle und tauchen beim ersten Kastenteil auf um „Luft zu holen" und steigen schließlich beim zweiten Kastenteil aus der Höhle heraus	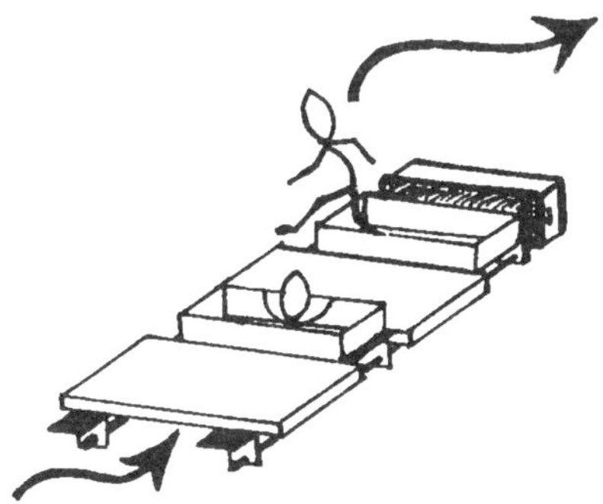	2 Langbänke, 2 Kastenteile, 1 Kastendeckel, 2 blaue Matten

9. Hängebrücke: Die Schüler stützeln sich über einen Barren; die Medizinbälle am Boden zwischen dem Barren dienen als Entlastung (kurzes Aufsetzen mit den Füßen ist hier erlaubt)		1 Barren, 3 Medizinbälle
Die Schüler turnen an der Gerätebahn solange die Musik spielt. Bei Musikstop (Ruhepause) herrscht Hochwasser. Die Schüler steigen dann schnell auf irgendein Gerät und verweilen dort solange bis die Musik wieder spielt.		
Ausklang		
Vorsicht die Haie kommen: Spielbeschreibung: siehe Kapitel IV (Sportspiele)		

Bewegungsgeschichte: Wir erklimmen den Gipfel des Kilimanjung

Erwärmung:
Heute wollen wir den 4000 m hohen Gipfel des Kilimanjung besteigen.
Der Berg liegt weit weg, auf einer schönen Insel in der Südsee. Mit kleinen Booten versuchen wir diese Insel zu erreichen, doch die gefährlichen Südseepiraten versuchen uns zu fangen.

Leistungsphase:
Endlich landen wir bei starkem Nebel auf der Insel und machen uns bereit für die Expedition auf den Kilimanjung.
Als erstes durchlaufen wir ein gefährliches **Sumpfgebiet** (1). Eine wackelnde **Hängebrücke** (2) bringt uns über den reißenden Gebirgsstrom. Weiter geht's über hohe **Felsbrocken**, die uns den Weg versperren (3). Schließlich gelangen wir auf ein großes Schneefeld. Die **Schneeschuhe** werden angeschnallt, damit wir nicht abrutschen (4).
Ein schmaler **Grat** (5) führt uns zu einem steilen **Klettersteig** (6), aber auch den überwinden wir mit unserer guten Ausrüstung. Als letztes müssen wir nur noch einen kleinen Gebirgsbach überwinden. Der führt jedoch so wenig Wasser, daß wir über die **Steine** im Flußbett springen können (7).
Plötzlich lichtet sich der Nebel, wir können den Gipfel des Kilimanjung deutlich sehen und machen uns endlich auf zum Gipfelsturm.

Ausklang:
Völlig erschöpft von unserem Gipfelsturm treten wir den Rückweg an. Manche von uns können vor lauter Müdigkeit kaum mehr laufen, andere sind sogar verletzt. Doch mit unserer guten Ausrüstung bringen wir die ganze Gruppe sicher ins Tal zurück.

Wir erklimmen den Gipfel des Kilimanjung (Hallenplan/Geräteaufbau)

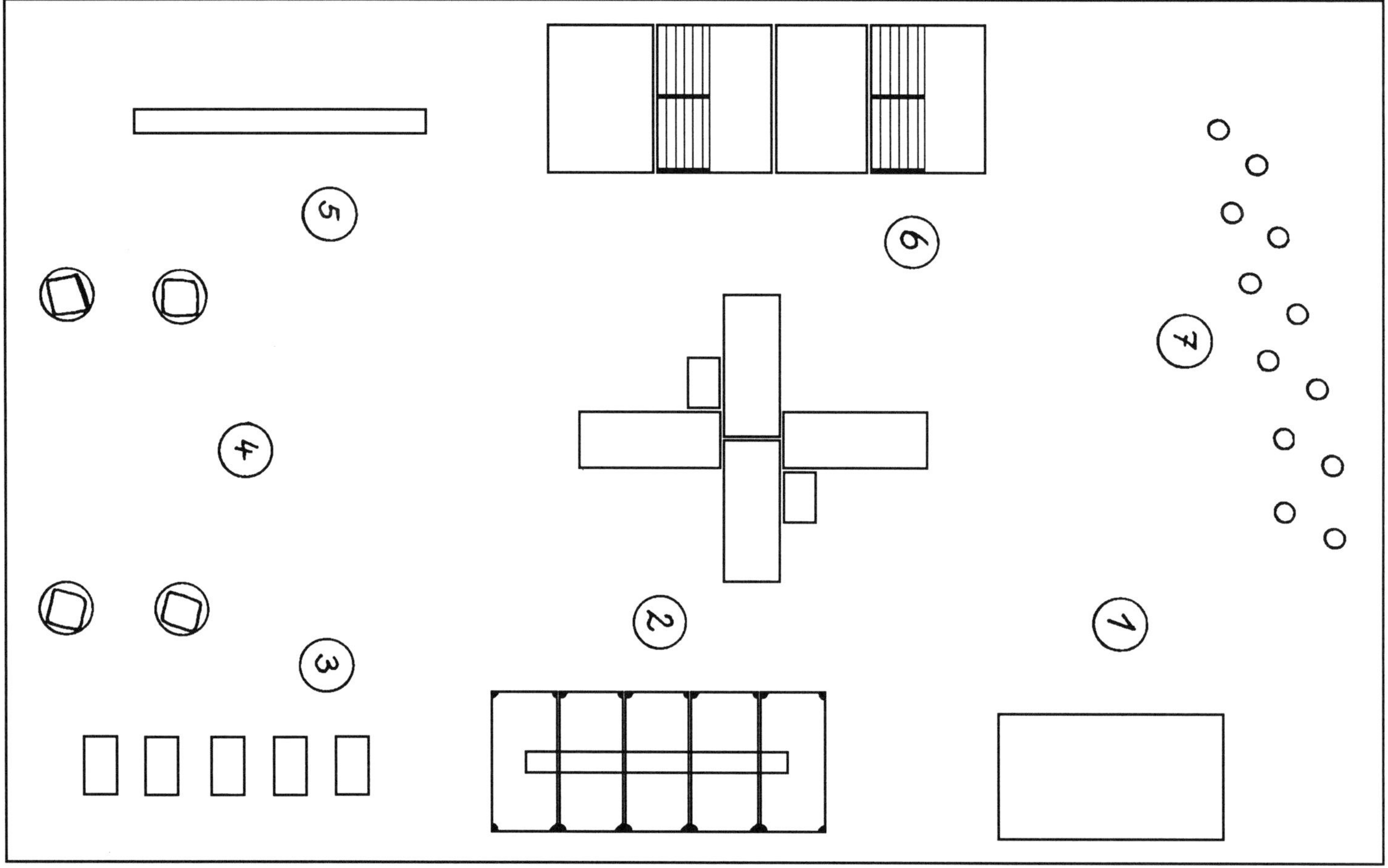

Wir erklimmen den Gipfel des Kilimanjung (Durchführung)		
Ziel: Allgemeine Kraft-, Ausdauer- und Koordinationsschulung		
Inhalt	**Hinweise/Organisation**	**Geräte**
Erwärmung		
Südseepiraten: Alle Schüler knien auf einer Teppichfliese und ziehen sich mit den Händen durch die Halle; 2 mit Leibchen gekennzeichnete Piraten, ebenfalls in dieser Stellung, versuchen sich an die Mitschüler heranzuziehen und diese abzuschlagen; abgeschlagene Schüler holen sich beim Lehrer ein Leibchen und werden ebenfalls Piraten		Leibchen, Teppichfliesen im Klassensatz
Leistungsphase		
Besprechung der Pinnwand Geräteaufbau Erzählen der Bewegungsgeschichte Schülerdemonstration an allen Geräten		
1. Sumpfgebiet: Unter eine Weichbodenmatte werden 8 Medizinbälle gelegt; die Schüler laufen vorsichtig über die instabile und weiche Matte	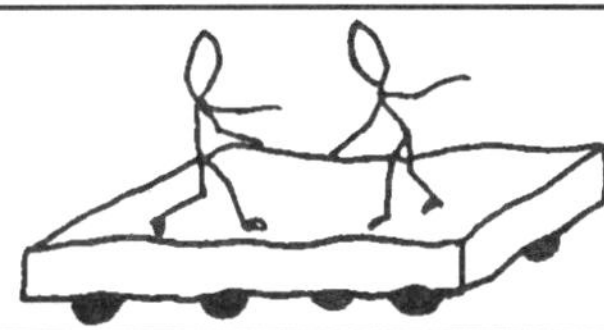	1 Weichbodenmatte, 8 Medizinbälle

2. Hängebrücke: Eine umgedrehte Langbank wird über einen Kastendeckel gelegt; die Schüler balancieren über die schaukelnde „Brücke“		1 Langbank, 1 Kastendeckel, 4 blaue Matten
3. Felsbrocken: Die Schüler springen über die hintereinander liegenden Bananenkisten		5 Bananenkisten
4. Schneeschuhe: Die Schüler stellen sich mit jedem Fuß auf eine Teppichfliese (weiche Seite nach unten) und rutschen vorwärts (Teppichfliesen im Reifen ablegen!) **Hinweis:** Die Teppichfliesen müssen nach einiger Zeit immer wieder zurückgetragen werden		ca. 20 Teppichfliesen, 4 Reifen

5. Schmaler Grat: Die Schüler legen sich auf die Langbank und ziehen sich mit den Händen darüber		1 Langbank
6. Klettersteig: Die Schüler überklettern 2 ausgeklappte Sprossenwände		2 Sprossenwände, 4 Niedersprungmatten
7. Steine im Flußbett: Die Schüler springen auf einem Bein über die runden Gummimarkierungen (Bierdeckel sind auch möglich)		10 Gummimarkierungen oder Bierdeckel

Die Kinder turnen an der Gerätebahn solange die Musik spielt. **Bei Musikstop verläßt jeder sein Gerät, läuft zur Hallenmitte und klettert dort auf die Kästen (Gipfelsturm = Ruhepause).** **Erst bei Musikstart verteilen sich die Schüler wieder gleichmäßig an den Geräten und durchlaufen den Parcour aufs neue**		4 Kästen, 2-4 Minikästen
Ausklang		
Krankentransport: Jeweils drei Schüler (A, B und C) schließen sich zusammen und laufen auf Musik hintereinander durch die Halle; bei Musikstop ruft der Lehrer einen der drei Buchstaben auf, z.B. „B“; alle Schüler mit „B“ stellen sich schnell auf eine in der Halle liegenden Teppichfliesen und lassen sich von ihren Partnern „A“ und „C“ solange an den Händen durch die Halle ziehen, bis die Musik wieder spielt	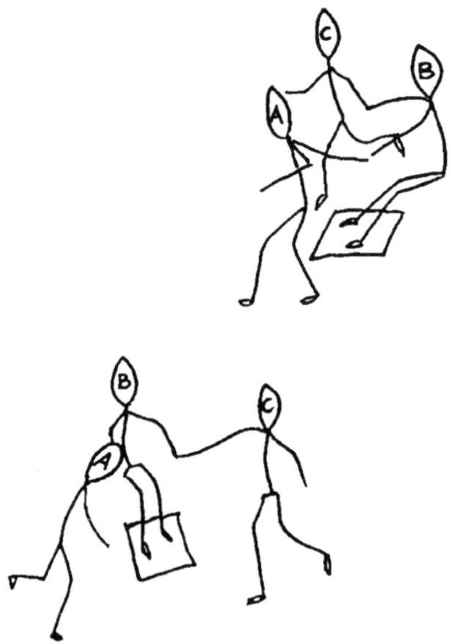	ca. 10 Teppichfliesen

Bewegungsgeschichte: Wir wandern über den Nordpol

Erwärmung:
Heute unternehmen wir eine Expedition zum Nordpol. Dort ist es gewöhnlich sehr, sehr kalt. Doch wenn die Sonne scheint, dann schmilzt etwas von dem Eis und es gibt Hochwasser. Damit wir keine nassen Füße bekommen, springen wir schnell auf eine Eisscholle.

Leistungsphase:
Auf dem Nordpol gibt es natürlich viele interessante Dinge zu erkunden.
Zunächst durchkriechen wir die schmalen **Eishöhlen** (1). Dann springen wir über einige **Eisschollen** (2), damit wir trockene Füße behalten. Danach überwinden wir einen äußerst rutschigen **Eisberg** (3). Halt dich gut fest, damit du nicht abstürzt. Nun überqueren wir auf einer schmalen **Brücke** den reißenden Eisbach (4) und setzen schließlich unsere Tour über den gefährlich glatten Gletscher (5) fort. Die tiefen **Gletscherspalten** (6) überwinden wir locker im Sprung.
Abends sind wir natürlich müde von unserer Erkundung. Damit wir nachts nicht erfrieren, bauen wir uns ein Iglu zum Übernachten.

Ausklang:
Völlig erschöpft von unserer anstrengenden Nordpoltour lassen wir uns von den Schlittenhunden der Eskimos zurückziehen.

Wir wandern über den Nordpol (Hallenplan/Geräteaufbau)

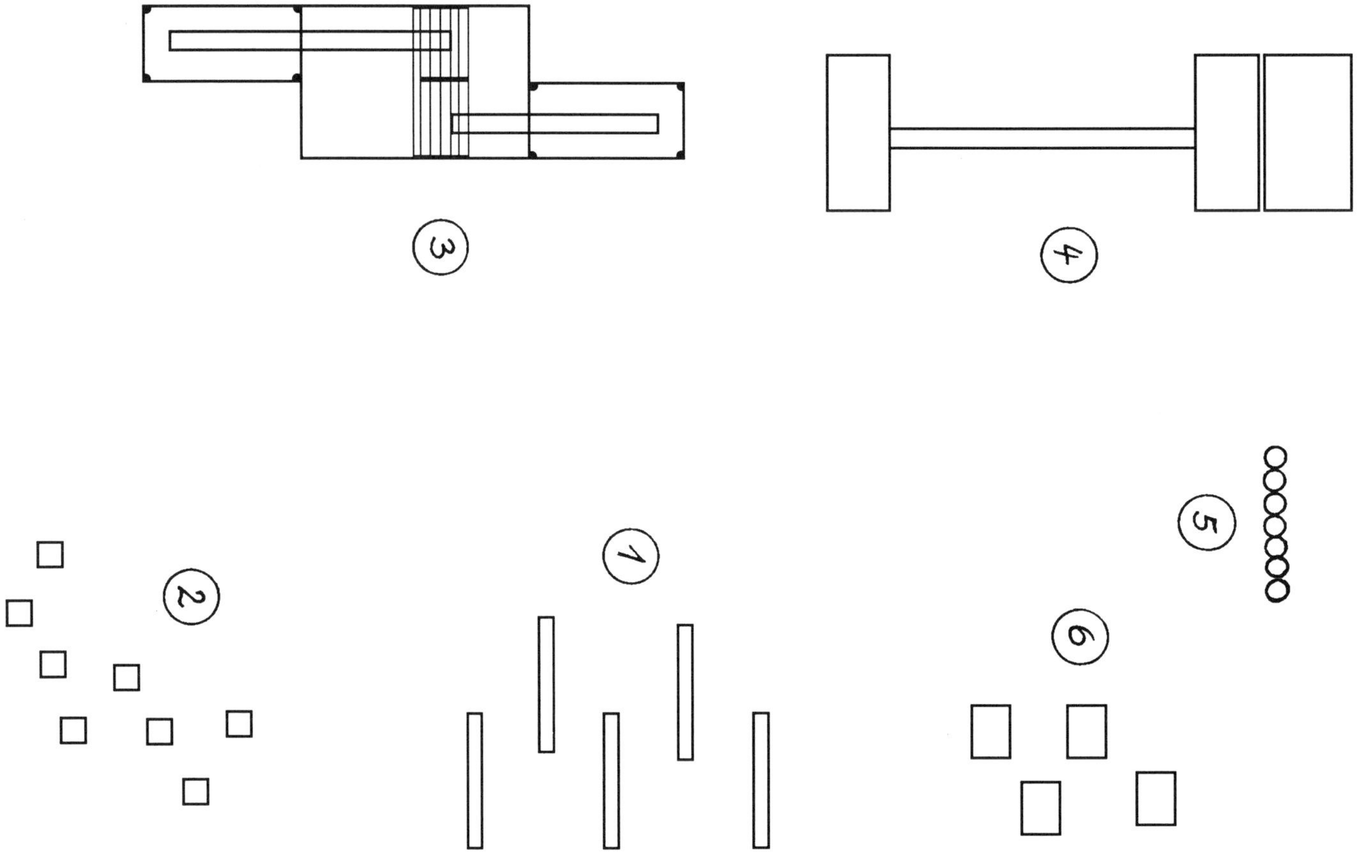

Wir wandern über den Nordpol (Durchführung)

Ziel: Allgemeine Kraft-, Ausdauer- und Koordinationsschulung

Inhalt	Hinweise/Organisation	Geräte
Erwärmung		
Hochwasser: Die Schüler laufen auf Musik durch die Halle und stellen sich bei Musikstop (Hochwasser) schnell auf eine der ausgelegten Teppichfliesen (eine weniger als Schülerzahl)		Teppichfliesen im Klassensatz
Leistungsphase		
Besprechung der Pinnwand Geräteaufbau Erzählen der Bewegungsgeschichte Schülerdemonstration an allen Geräten		
1. Eishöhlen: 5 Kastenteile werden hintereinander im Abstand von 3 m quer auf den Boden gelegt; die Schüler durchkriechen diese „Eishöhlen“	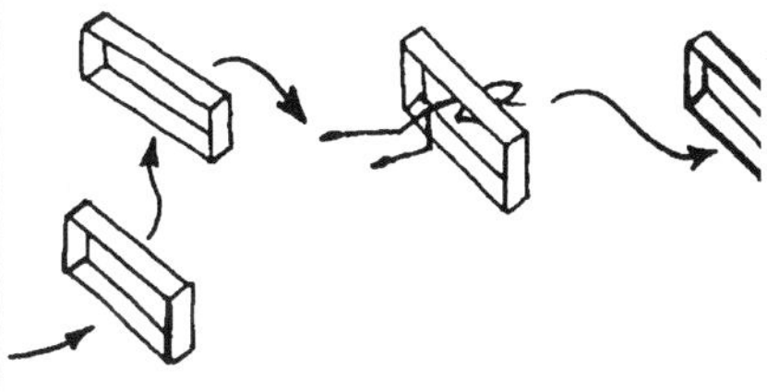	5 Kastenteile

2. Eisschollen: Die Schüler springen von Teppichfliese zu Teppichfliese ohne den Boden zu berühren		8 Teppichfliesen
3. Eisberg: Die Schüler klettern über eine in der Sprossenwand eingehängte Langbank in die Höhe, überwinden die Sprossenwand und rutschen auf der anderen Seite über eine zweite eingehängte Langbank hinunter		1 ausgeklappte Sprossenwand, 2 Langbänke, 2 blaue Matten, 2 Niedersprungmatten
4. Eisbach: Zwischen zwei Kästen wird eine Langbank eingehängt; die Schüler klettern auf den ersten Kasten, balancieren über die Langbank und springen vom zweiten Kasten auf eine Niedersprungmatte		2 Kästen, 3 Niedersprungmatten, 1 Langbank

5. Gletscher: Die Schüler balancieren über 7 große lederne Medizinbälle	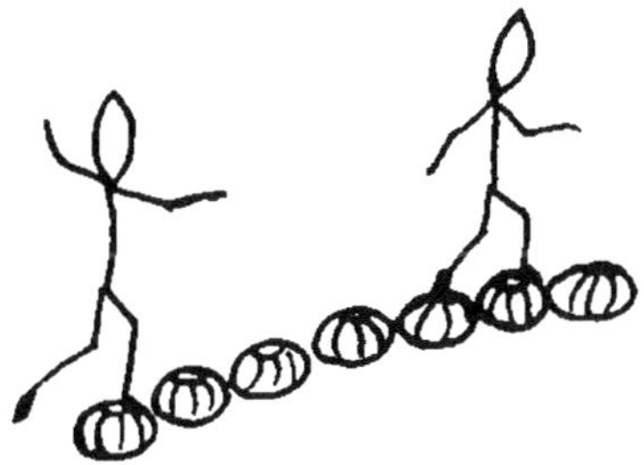	7 große lederne Medizinbälle
6. Gletscherspalten: Die Schüler springen von Minikasten zu Minikasten	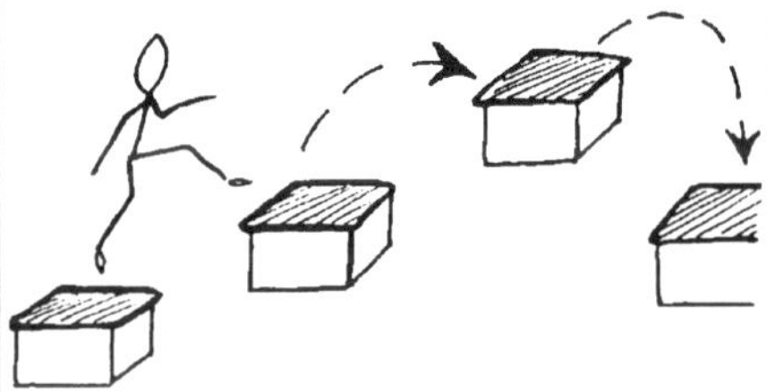	4 Minikästen

Die Schüler turnen an der Gerätebahn solange die Musik spielt.
Bei Musikstop (Ruhephase) verläßt jeder sein Gerät, läuft zu dem Schwungtuch im Hallenmittelkreis, um gemeinsam ein Iglu zu bauen (siehe Spiele und Übungsformen mit dem Schwungtuch).
Erst bei Musikstart verteilen sich die Schüler wieder gleichmäßig an den Geräten und durchlaufen den Parcour erneut.

Ausklang		
Hundeschlitten: Jeweils 3 Schüler schließen sich zusammen; einer sitzt auf einer Teppichfliese und hält ein Seil in der Hand; die anderen beiden fassen jeweils ein Ende des Seiles und ziehen ihren Mitschüler durch die Halle; bei Musikstop erfolgt ein Partnertausch		ca. 10 Teppichfliesen, ca.10 Seile

IV. Beliebte kleine Sportspiele

Spiel: Vorsicht, die Haie kommen!

Geräte: Vier Leibchen

Ziel: Reaktion, Sozialkompetenz, Wahrnehmungsfähigkeit, Ausdauer, Kraft

Spielbeschreibung

1. Alle Schüler sitzen in der Hallenmitte im Sitzkreis; der L. bestimmt vier „Haie".

2. Die „Haie" ziehen sich ein Leibchen an und stellen sich an eine Hallenstirnseite.

3. Auf Zuruf des L. „Vorsicht, die Haie kommen" versuchen die vier „Haie" die davonlaufenden Mitschüler abzuschlagen.

4. Abgeschlagene Schüler setzen sich dort, wo sie abgeschlagen wurden, auf den Boden.

5. Sie können befreit werden, indem freie Mitschüler sie an den Beinen oder Armen in die „Rettungsinsel" (Hallenmittelkreis) ziehen; nun dürfen sie wieder mitspielen und vor den „Haien" davonlaufen.

6. Befreit ein Schüler einen Mitschüler (zieht ihn auf die Rettungsinsel), so darf er in diesem Moment nicht abgeschlagen werden.

Spiel: Wettlauf der Tiere

Geräte: 4 Matten

Ziel: Schnelligkeit, Reaktion, Wahrnehmung

Spielbeschreibung

1. In jede Hallenecke wird eine Matte gelegt (ca. 3-4 m Abstand zur Wand).
2. Die Klasse wird in vier gleich große Gruppen eingeteilt.
3. Jede Gruppe stellt sich auf eine vorgegebene Matte und denkt sich gemeinsam einen Tiernamen aus.
4. Auf Kommando des Lehrers, wie z. B.: „Es wechseln Löwen und Tiger“, wechseln die genannten Gruppen blitzschnell ihren Platz.
5. Die Gruppe, die vollständig auf der zu erreichenden Matte steht, hat den Wettlauf der Tiere gewonnen.
6. Der Wettlauf erfolgt je nach Tiergruppe in verschiedenen Raumwegen (horizontal, vertikal, diagonal).

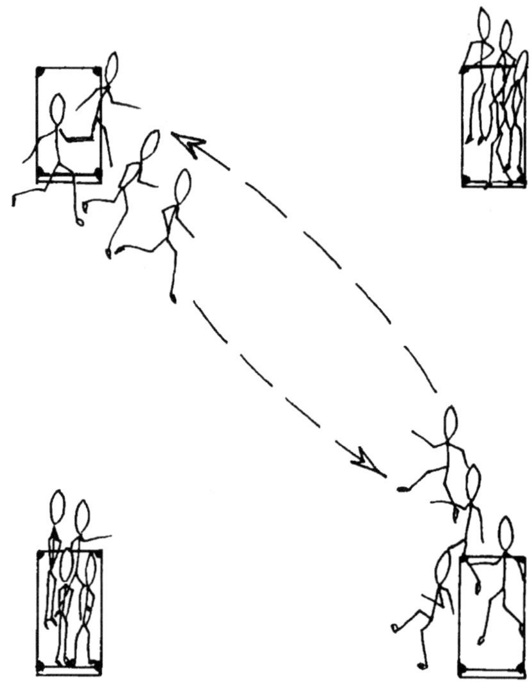

Spiel: Wäscheklammernfangsti

Geräte: Wäscheklammern im Klassensatz

Ziel: Schnelligkeit, Wahrnehmung, Reaktion

Spielbeschreibung

1. Jeder Schüler bekommt vom Lehrer drei Wäscheklammern und steckt sich diese hinten an die Hose oder an das T-Shirt.

2. Die Schüler laufen frei durch die Halle und versuchen sich gegenseitig die Wäscheklammern zu klauen (Mitschüler festzuhalten ist verboten!).

3. Geklaute Wäscheklammern werden zusätzlich angesteckt.

4. Gewonnen hat der Schüler, der nach einer vorgegebenen Zeit die meisten Wäscheklammern an seiner Kleidung hängen hat.

Spiel: Springfangen

Geräte: keine

Ziel: Reaktion, Schnelligkeit, eigene Leistungseinschätzung

Spielbeschreibung

1. Alle Schüler liegen auf dem Bauch in der Halle verteilt.
2. Ein „Jäger" jagt einen „Hasen" um die liegenden Schüler herum.
3. Ist der „Hase" erschöpft, so springt er einfach über einen der liegenden Schüler und legt sich schnell auf den Boden.
4. Der übersprungene Schüler steht schnell auf, denn er wird so zum neuen „Jäger".
5. Der ehemalige „Jäger" muß schnell reagieren, denn er wird bei diesem Wechsel zum „Hasen" und muß fliehen.
6. Erwischt der „Jäger" den „Hasen" beim Laufen, so erfolgt ebenfalls ein Rollentausch und aus „Jäger" wird „Hase" und umgekehrt.

Spiel: Statue

Geräte: keine

Ziel: Schnelligkeit, Reaktion, Spannungs- und Entspannungsfähigkeit

Spielbeschreibung

1. Drei Fänger laufen durch die Halle und versuchen ihre Mitschüler abzuschlagen.

2. Wer von den Fängern (Zauberern) berührt wird, muß die Stellung einer Statue einnehmen (starr und gespannt).

3. Freie Mitschüler können verzauberte Kinder erlösen, indem sie sich vor die Statue stellen und dessen Stellung nachahmen.

4. Befreit ein Kind einen verzauberten Schüler, so darf es in diesem Moment nicht abgeschlagen werden.

Spiel: A-B-C-Fangen

Geräte: keine

Ziel: Schnelligkeit, Reaktion

Spielbeschreibung

1. Je drei Schüler (A, B, C) spielen zusammen.

2. Sie laufen zu dritt hintereinander kreuz und quer durch die Halle.

3. Plötzlich ruft der Lehrer einen der drei Buchstaben.

4. Der Schüler mit dem aufgerufenen Buchstaben flüchtet, die anderen beiden fassen sich schnell an den Händen und versuchen ihn zu fangen.

5. Gelingt es den beiden Schülern, so sperren sie ihren Gefangenen zwischen ihren Armen ein (beide Hände gefaßt).

6. Der Lehrer fordert zum Weiterlaufen auf und nennt daraufhin einen neuen Buchstaben.

Spiel: Goldsuche in China

Geräte: 4 Langbänke, 30-35 Bälle

Ziel: Schnelligkeit, Wahrnehmung, Reaktion, Ausdauer

Spielbeschreibung

1. Zwei Mannschaften (Goldräuber) stehen sich an den Hallenstirnseiten gegenüber.
2. In der Mitte der Halle befinden sich 4 Langbänke (Chinesische Mauer) und zwei Wächter.
2. In den beiden abgetrennten Hallenhälften liegen jeweils gleich viele Bälle (Gold).
3. Auf ein Zeichen des Lehrers überspringen die Räuber beider Seiten die Chinesische Mauer und versuchen das Gold (Bälle) der gegenüberliegenden Seite in ihr Feld zu bringen.
4. Auf dem Rückweg (mit einem Ball in der Hand) können die Räuber von den beiden Wächtern, die zwischen den Bänken stehen, abgeschlagen werden.
5. Abgeschlagene Räuber müssen ihr Gold (den Ball) wieder in das gegnerische Spielfeld zurückwerfen.
6. Welche Gruppe hat nach ca. 5 min. das meiste Gold?

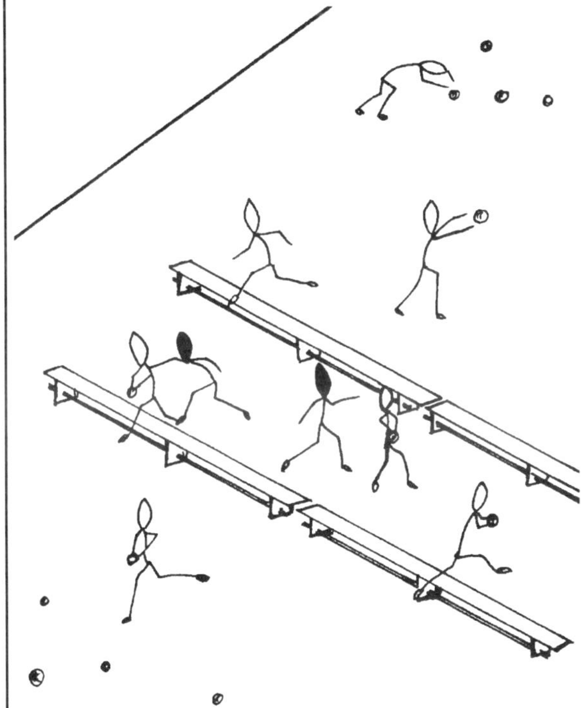

Spiel: Mattenrutschen

Geräte: eine Weichbodenmatte

Ziel: Anpassung an das Gerät, Gleitgefühl

Spielbeschreibung

1. Im Hallenmittelkreis liegt eine Weichbodenmatte (glatte Seite nach unten); Aufteilung der Schüler in zwei Mannschaften (A und B).
2. Die Aufstellung der Mannschaften erfolgt gegenüber; in gleichem Abstand zur Matte (siehe Skizze).
3. Der erste Schüler der Mannschaft A rennt zur Matte und versucht durch geschicktes Hineinspringen die Matte in Richtung der Mannschaft B zu bewegen.
4. Nun ist der erste Schüler der Mannschaft B an der Reihe und versucht wiederum durch kraftvolles Springen die Matte zurückzubewegen.
5. Die Schüler der beiden Mannschaften springen jeweils im Wechsel.
6. Die Mannschaft, die es geschafft hat nach einem Durchgang die Matte näher zur gegnerischen Mannschaft zu schieben, hat gewonnen.

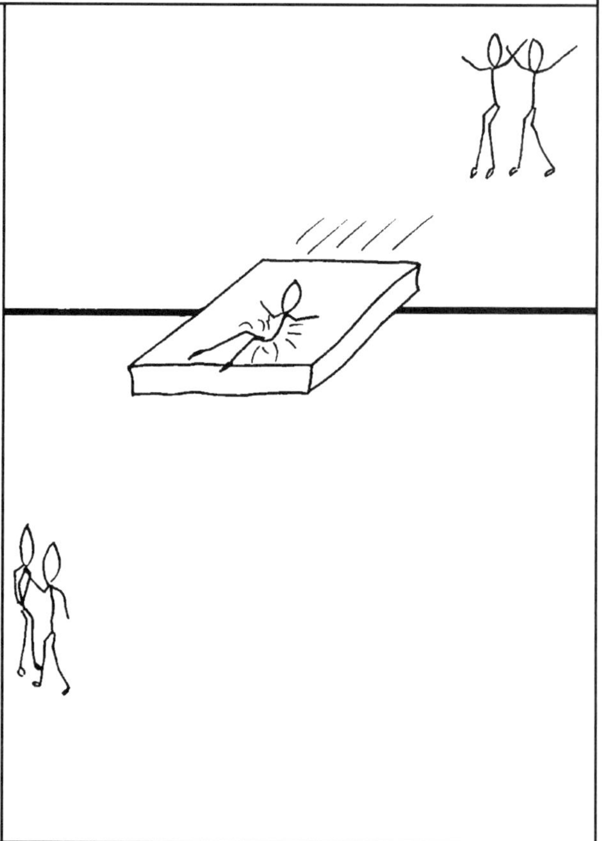

Spiel: Spardose

Geräte: 6 Bananenkisten, ca. 40 Bierdeckel

Ziel: Schnelligkeit, Reaktion

Spielbeschreibung

1. Die Schüler werden in sechs Gruppen eingeteilt.
2. Jede Gruppe setzt sich in einer Linie hinter eine der sternförmig aufgestellten Bananenkisten.
3. Die Kinder jeder Gruppe zählen durch und merken sich ihre Zahl.
4. In der Mitte des Sterns liegen fünf Bierdeckel.
5. Auf Zuruf des Lehrers z.B. „Nummer drei", laufen alle sechs Schüler mit der Nummer drei einmal um den ganzen Stern herum (Laufrichtung angeben!) und versuchen danach schnell einen Bierdeckel aus der Mitte zu greifen.
6. Der gewonnene Bierdeckel wird in den Schlitz der Bananenkiste (Spardose) gesteckt.
7. Erneute Durchgänge mit allen anderen Zahlen; abzählen des Inhalts der Spardosen. Welche Gruppe hat die meisten Bierdeckel in der Spardose?

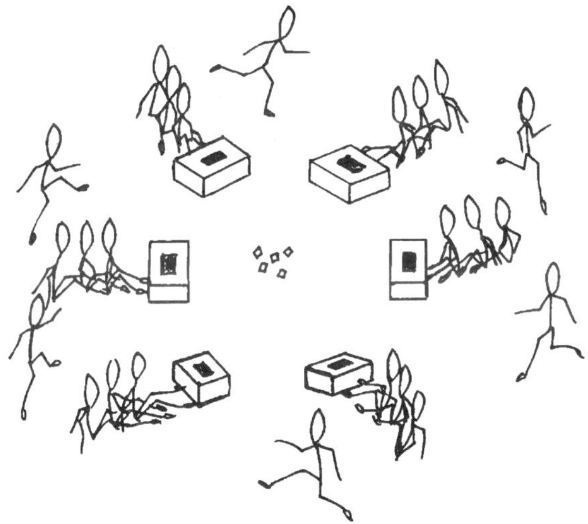

Spiel: Rübezahl

Geräte: Leibchen

Ziel: Schnelligkeit, Reaktion, Wahrnehmung

Spielbeschreibung

1. Die Turnhalle wird in drei Felder geteilt.
2. Im mittleren Feld steht Rübezahl (mit einem Leibchen gekennzeichnet), der jeden zu fangen versucht, der durch sein Reich läuft.
3. Abgeschlagene Schüler verzaubert er zu seinen Helfern.
4. Diese holen sich ebenfalls ein Leibchen und versuchen weitere Schüler, die durch das mittlere Feld laufen, abzuschlagen.

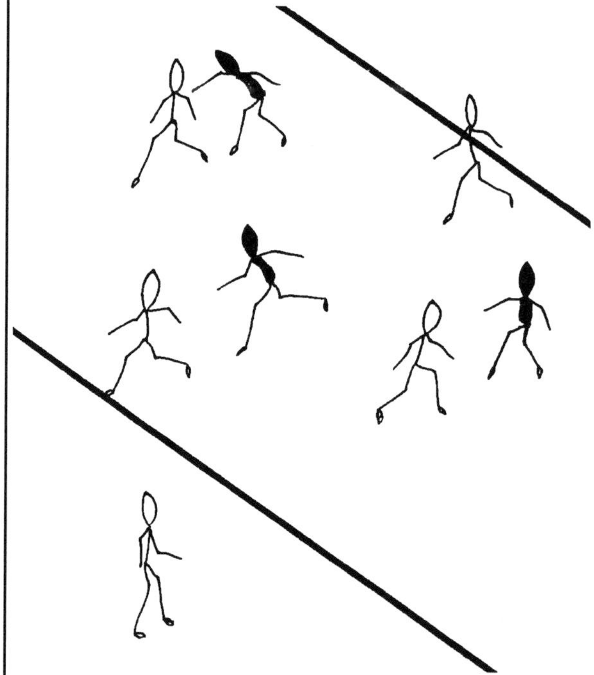

Spiel: Streß

Geräte: Softball

Ziel: Wurfkraft und -genauigkeit, Reaktion, Schnelligkeit, Merkfähigkeit

Spielbeschreibung

1. Alle Schüler laufen frei durch die Halle.

2. Der Lehrer wirft einen Ball ins Spielfeld (ganze Halle).

3. Jeder Schüler, der den Ball erwischt, darf ihn nehmen und versuchen andere Schüler abzuwerfen.

4. Getroffene Schüler verlassen das Spielfeld und merken sich, von wem sie abgeworfen wurden.

Spiel: Reifenwandern

Geräte: 2 Gymnastikreifen (blau und rot)

Ziel: Beweglichkeit, Geschicklichkeit

Spielbeschreibung

1. Die Schüler bilden einen Innenstirnkreis mit Handfassung.

2. Ein Gymnastikreifen (rot) wird zwischen zwei Schüler gehängt, ein weiterer Reifen (blau) wird genau gegenüber wiederum zwischen zwei Schüler gehängt.

3. Beide Reifen werden durch geschicktes Hindurchkriechen ohne Lösen der Handfassung in eine vorgegebene Richtung weitergegeben.

4. Welcher Reifen kommt zuerst an seiner Ausgangsposition an? Wer gewinnt? Rot oder blau?

Spiel: Heimliche Verfolgung

Geräte: keine

Ziel: Reaktion, Spannungs- und Entspannungsfähigkeit

Spielbeschreibung

1. Die Kinder gehen paarweise zusammen.
2. Ein Kind ist der „Dieb“, der davonschleicht. Das andere Kind ist der „Detektiv“, der den „Dieb“ verfolgt.
3. Um nicht aufzufallen macht der „Detektiv“ genau die gleichen Bewegungen wie der „Dieb“.
4. Plötzlich dreht sich der „Dieb“ um, um zu sehen, ob er verfolgt wird.
5. Der „Detektiv“ muß sofort in der Bewegung erstarren.
6. Sieht der „Dieb“ keine Bewegung mehr beim Verfolger, so muß er weiterschleichen.
7. Bewegt sich der „Detektiv“ noch, so werden die Rollen getauscht.

Spiel: Künstler und Modell

Geräte: keine

Ziel: Körperspannung, Kreativität

Spielbeschreibung

1. Die Schüler gehen paarweise zusammen und verteilen sich in der Halle.

2. Der eine Schüler spielt den Künstler und muß seinen Partner zu einer Figur (Modell) formen (z.B. sitzend, liegend oder auch im Einbeinstand, indem Arme, Beine und Rumpf in die entsprechende Position gebracht werden);
   der Fantasie sind keine Grenzen gesetzt;
   der Künstler darf dem Modell lediglich nicht weh tun.

3. Nach Ablauf einer vorgegebenen Zeit (ca. 30 sec.) erstarrt das Modell.

4. Der Lehrer betrachtet und lobt die Kunstwerke.

5. Partnerwechsel.

Spiel: Würfelwettlauf

Geräte: 4 Würfel, 4 Zettel jeweils beschriftet mit Zahlen von 1 bis 6, 4 Stifte

Ziel: Schnelligkeit

Spielbeschreibung

1. Die Schüler werden in vier Mannschaften aufgeteilt; jede Gruppe stellt sich in eine Hallenecke.
2. Der Lehrer legt in den Hallenmittelkreis für jede Mannschaft ein Blatt Papier mit den Zahlen von 1-6 und einen Würfel.
3. Auf ein Zeichen des Lehrers läuft von jeder Mannschaft der erste Schüler mit einem Stift in der Hand in den Hallenmittelkreis, würfelt dort eine Zahl, sucht diese Zahl auf dem Blatt Papier, streicht sie durch, läuft zu seiner Mannschaft zurück und übergibt dort den Stift an den zweiten Schüler.
4. Nun läuft der zweite Schüler. Würfelt dieser eine andere Zahl, so streicht er sie ebenfalls durch und läuft zurück. Würfelt er jedoch dieselbe Zahl, so darf er auf dem Zahlenblatt nichts ausstreichen, sondern muß unverrichteter Dinge zurücklaufen.
5. Gewonnen hat die Mannschaft, deren Zahlen als erstes ausgestrichen sind.

Spiel: Busfahrt

Geräte: ca. 7 Kastenteile (je nach Klassengröße), Kassettenrekorder

Ziel: Wahrnehmung. Ausdauer, Reaktion, Schnelligkeit

Spielbeschreibung

1. An einer Hallenstirnseite stehen 7 Busse (Kastenteile)
2. Die Schüler laufen auf Musik frei durch die Halle.
3. Bei Musikstopp zeigt der Lehrer mit seinen Fingern eine Zahl.
4. Gemäß der Zahl müssen die Busse gefüllt werden, d.h. zeigt der Lehrer beispielsweise die Zahl 4, so müssen sich vier Kinder zusammenfinden und in ein Kastenteil steigen.
5. Ein voller Bus darf losfahren; die Kinder heben gemeinsam das Kastenteil hoch und laufen einmal um das Spielfeld (Volleyballfeld) bis zum Ausgangspunkt.
6. Welcher Bus ist am schnellsten?
7. Falsch gefüllte Busse (zuviel oder zuwenig Kinder) müssen eine Strafrunde laufen.

Spiel: Reifenfangsti

Geräte: Fahrradmäntel im Klassensatz

Ziel: Geschicklichkeit , Schnelligkeit, Reaktion

Spielbeschreibung

1. Ein Schüler, der Reifenfänger, versucht seine Mitschüler durch Überstülpen eines Fahrradreifens (Gymnastikreifen sind zu hart!) zu fangen.

2. Der gefangene Schüler darf den Reifen behalten und wird zum Mitfänger.

3. Der ursprüngliche Fänger holt sich einen neuen Reifen und geht auch wieder auf die Jagd.

4. Beendet ist das Spiel, wenn jeder Schüler im Besitz eines Reifens ist, d.h. wenn jeder Schüler gefangen wurde.

Spiel: Wer findet einen Bierdeckel?

Geräte: Bierdeckel im halben Klassensatz, davon 2 bemalte

Ziel: Schnelligkeit

Spielbeschreibung

1. Die Schüler stehen paarweise im doppelten Innenstirnkreis um den Hallenmittelkreis; die inneren Schüler haben die Beine gegrätscht.

2. Im Hallenmittelkreis liegen mehrere Bierdeckel, davon 2 bemalte

3. Auf Kommando des Lehrers „Wer findet einen Bierdeckel“, rennen die Schüler des äußeren Kreises einmal um den gesamten Kreis herum (Laufrichtung angeben!), bis sie wieder bei ihrem Partner angelangt sind.

4. Sie schlüpfen ihrem Partner durch die gegrätschten Beine und versuchen einen Bierdeckel zu erhaschen.

5. Ein farbiger Bierdeckel zählt zwei Punkte, ein normaler nur einen Punkt (Anzahl der Bierdeckel kann variieren).

6. Die Partner tauschen ihre Plätze; erneuter Durchgang.

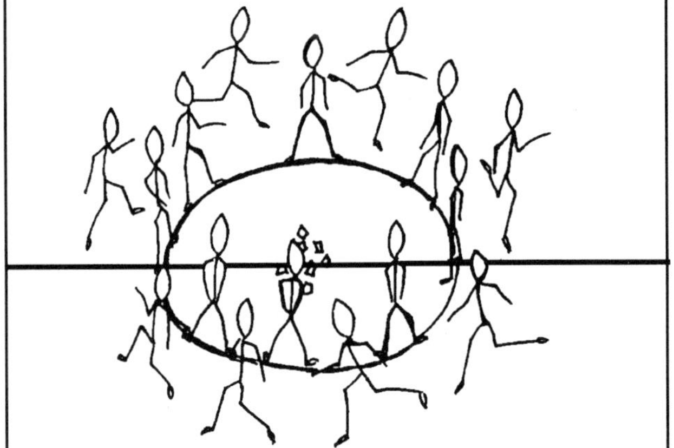

Spiel: Brückenwächter

Geräte: 2 Langbänke

Ziel: Schnelligkeit, Reaktion

Spielbeschreibung

1. Die Turnhalle wird in drei Felder geteilt und in der Mitte durch zwei Langbänke (Brücke) getrennt.

2. Ein Schüler (Brückenwächter) steht vor den Langbänken; die Mitschüler stehen gegenüber an der Hallenwand.

3. Auf Zuruf des Lehrers „Brücke erobern" laufen die Schüler auf den Brückenwächter zu und versuchen über die Brücke zu springen.

4. Im mittleren Feld vor der Brücke darf der Brückenwächter versuchen seine Mitschüler abzuschlagen.

5. Abgeschlagene Schüler werden ebenfalls zu einem Brückenwächter verwandelt und dürfen bei der nächsten Runde mitfangen.

6. Da sich die Eroberer der Brücke nun auf der anderen Hallenseite befinden, wechseln die Brückenwächter den Platz, so daß sie wieder vor der Brücke stehen.

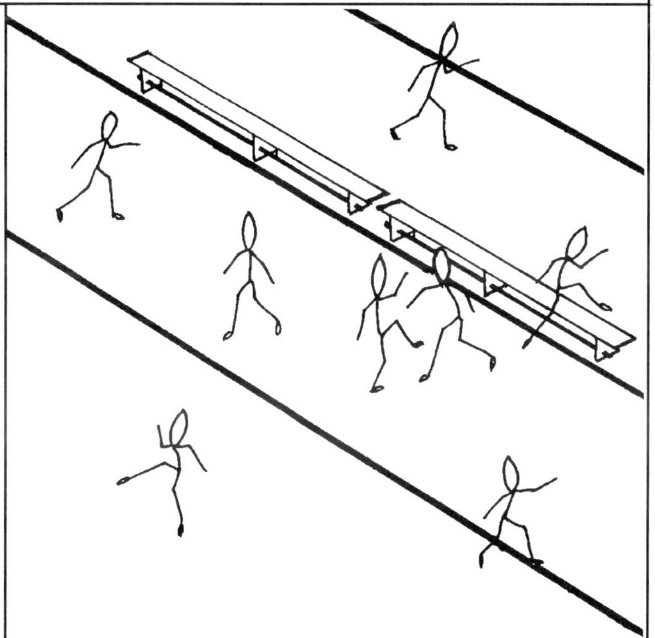

Spiel: Verzaubern

Geräte: keine

Ziel: Reaktion, Ausdauer, Körperspannung

Spielbeschreibung

1. Die Schüler laufen frei durch die Halle.

2. Auf Zuruf des Lehrers führen sie dessen Anweisung blitzschnell durch, z. B.:
   „Simsalabim, ich verwandel euch in ein(en)...“

   - Storch
   - Flugzeug
   - Riesen
   - Zwerg
   - rollenden Baumstamm
   - Scheibenwischer
   - Katze
   - Radfahrer
   - Windmühle

3. Nach jeder einzelnen Bewegungsausführung laufen die Schüler erneut durch die Halle und warten auf einen neuen Zauberspruch des Lehrers

Spiel: Spinnennetz

Geräte: 2-3 Wollkneule

Ziel: Wurfgenauigkeit, Geschicklichkeit, Beweglichkeit

Spielbeschreibung

1. Jeweils 10-12 Kinder sitzen in Kreisform und werfen sich gegenseitig einen Wollkneul zu; das Kneul wikkelt sich dabei ab.

2. Jedes Kind hält den abgewickelten Wollfaden fest, bevor es zu einem anderen Kind weiter wirft, so daß ein Spinnennetz entsteht.

3. Anschließend wird der Wollfaden wieder aufgewikkelt; dabei muß entsprechend dem Verlauf des Fadens unter bzw. über die anderen Fäden des Spinnennetzes geklettert werden.

4. Bei zwei oder mehr Gruppen kann das Aufwickeln auch in Wettkampfform auf Schnelligkeit gespielt werden.

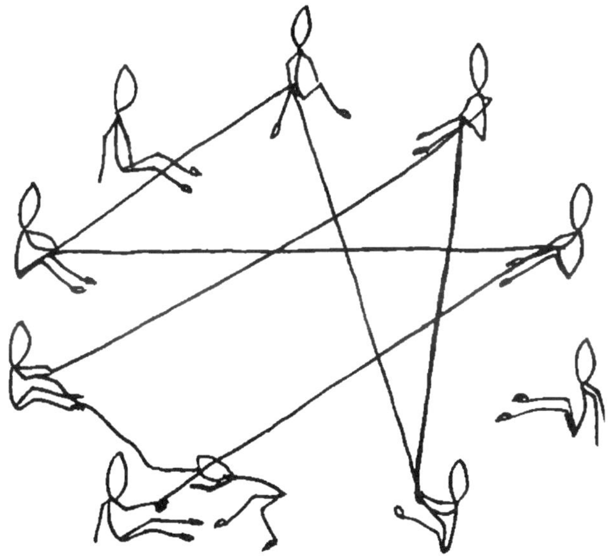

Spiel: Krebsfußball

Geräte: 1 Medizinball

Ziel: Kräftigung der Arm-, Bein- und Bauchmuskulatur

Spielbeschreibung

1. Die Schüler werden in vier Gruppen geteilt.
2. Jede Gruppe sitzt je auf einer Linie des quadratischen Spielfeldes (Spielfeld durch Hallenlinien, Gummimarkierungen oder Kreidelinien abgrenzen).
3. Die Schüler jeder Gruppe zählen von 1 bis „je nach Schülerzahl" durch.
4. Auf Zuruf des Lehrers z. B. „Nummer 5", laufen alle Schüler mit der Nummer 5 im Vierfüßlergang rücklings (Bauch nach oben) in die Hallenmitte und versuchen mit den Füßen den dort liegenden Medizinball über die Linie einer der drei gegnerischen Mannschaften zu spielen.
5. Die übrigen Schüler versuchen ebenfalls im Vierfüßlergang rücklings ihre Linie als Torwart zu verteidigen (die Linie darf dabei nicht verlassen werden!).
6. Überquert der Ball eine gegnerische Linie, so bekommt diese Mannschaft einen Strafpunkt.

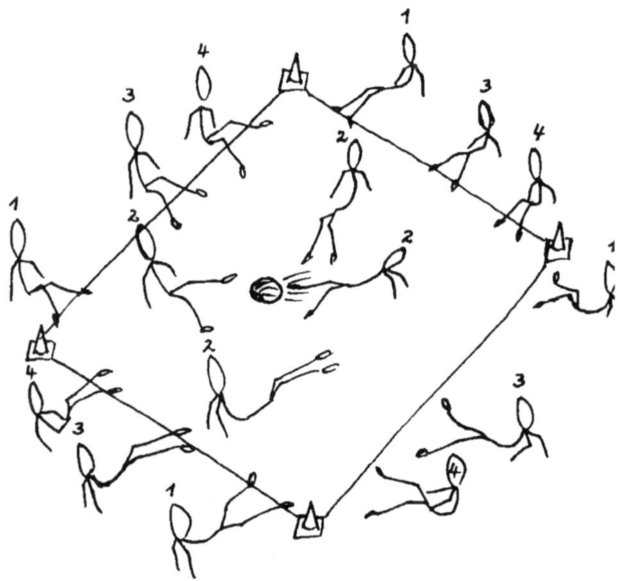

Spiel: Krebsfangsti

Geräte: keine

Ziel: Kräftigung der Arme, des Schultergürtels und der Bauchmuskulatur

Spielbeschreibung

1. Alle Schüler (Krebse) laufen im Vierfüßlergang rücklings (Bauch nach oben) durch die Halle; kurze Pausen (Po absetzen) sind erlaubt.

2. Ein Fänger (Seehund) bewegt sich im Vierfüßlergang vorlings (Po nach oben) und versucht die Krebse abzuschlagen.

3. Abgeschlagene Krebse verwandeln sich in Seehunde und versuchen ebenfalls im Vierfüßlergang vorlings weitere Krebse abzuschlagen.

4. Der letzte übriggebliebene Krebs darf in der nächsten Runde den Seehund spielen.

Spiel: Postbote

Geräte: 4 Bananenkisten, 80 Bierdeckel (auf der Rückseite bemalt: 20 blau, 20 rot, 20 grün, 20 gelb)

Ziel: Wahrnehmungsfähigkeit, Merkfähigkeit, Schnelligkeit

Spielbeschreibung

1. In jede Hallenecke wird eine mit einer Farbe gekennzeichnete Bananenkiste gestellt.
2. Die Schüler werden in vier Gruppen geteilt; jede Gruppe stellt sich zu einer Bananenkiste.
3. 80 Bierdeckel werden mit der weißen Seite nach oben in der ganzen Halle verteilt.
4. Der L. erzählt eine Geschichte von Postboten, die bei einem Sturm ihre Briefe (Bierdeckel) verloren haben.
5. Die vier Gruppen suchen daraufhin ihre Briefe um die Wette, d.h. alle SS laufen durch die Halle und suchen die Bierd. mit der Farbe ihrer Bananenkiste.
6. Gefundene Bierdeckel (es darf immer nur einer transportiert werden!) werden in den Schlitz der eigenen Bananenkiste gesteckt, falsche Bierdeckel werden schnell wieder umgedreht und liegengelassen.
7. Nach ca. 2 min werden die Briefkäsren geleert und die Briefe gezählt (Wer hat am meisten gefunden?).

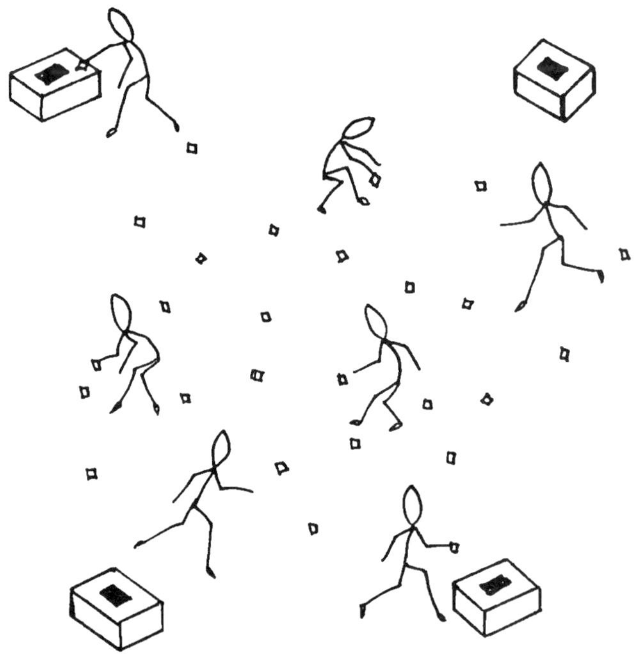

Spiel: Schwache Maus

Geräte: keine

Ziel: Schnelligkeit, Wahrnehmungsvermögen, Kreativität

Spielbeschreibung

1. Ein Schüler (Fänger) geht vor die Türe. In dieser Zeit bestimmen alle anderen Schüler in der Halle eine „schwache Maus".

2. Der Fänger wird in die Halle gerufen und versucht seine Mitschüler abzuschlagen.

3. Gefangene Schüler müssen ausscheiden, doch der Fänger hat erst gewonnen, wenn er die „schwache Maus" abgeschlagen hat.

4. Alle Mitschüler versuchen natürlich die „schwache Maus" durch geschickte Täuschungsmanöver zu schützen.

5. Nach einer vorgegebenen Zeit wird ein neuer Fänger und eine neue „schwache Maus" bestimmt.

Spiel: Maus im Irrgarten

Geräte: keine

Ziel: Reaktion, Schnelligkeit, Einschätzungsvermögen, Wahrnehmungsfähigkeit

Spielbeschreibung

1. Jeweils 5-6 Schüler stellen sich nebeneinander und strecken ihre Arme zur Seite, so daß sich ihre Fingerspitzen berühren.
2. In dieser Aufstellung werden ca. 5 Reihen hintereinander gebildet, so daß 4 Gassen entstehen
3. Ein Schüler (Katze) jagt nun einen Mitschüler (Maus) durch diese gebildeten Reihen und versucht ihn zu fangen.
4. Die Maus kann sich jedoch durch einen lauten Hilferuf in Sicherheit bringen, denn nach diesem Ruf müssen sich alle Mitschüler, die die Gassen bilden schnell um 90° drehen.
5. So entsteht ein neuer „Irrgarten“, bei dem die Gassen nicht mehr waagrecht, sondern senkrecht verlaufen.
6. Durch schnellen, rechtzeitigen Wechsel der Gassenform kann die „Maus“ immer wieder gerettet werden.

Spiel: Schlüsselspiel

Geräte: Schlüsselbund, Gymnastikreifen im Klassensatz

Ziel: Reaktion, Schnelligkeit

Spielbeschreibung

1. In der Halle werden Gymnastikreifen ausgelegt (ein Reifen weniger als die Schülerzahl).

2. Alle Kinder laufen frei um die Gymnastikreifen herum.

3. Ein Kind hat einen Schlüsselbund in der Hand.

4. Läßt es diesen fallen, müssen sich alle Kinder ein Versteck (Reifen) suchen und sich hineinstellen.

5. Das Kind, das übrig bleibt, bekommt den Schlüssel als nächstes.

Spiel: Antippspiel zum Stundenabschluss

Geräte: ruhige Musik

Ziel: beruhigender Stundenausklang

Spielbeschreibung

1. Alle Schüler liegen sternförmig auf dem Bauch im Hallenmittelkreis und verdecken die Augen mit den Armen.

2. Der Lehrer tippt einen Schüler an der Schulter an.

3. Der angetippte Schüler steht leise auf, tippt einen Mitschüler an und geht bereits zum Umziehen in die Kabine.

4. Der angetippte Mitschüler steht wiederum leise auf, tippt einen Mitschüler an und geht ebenfalls zum Umziehen.

5. Spielverlauf bis alle Schüler angetippt wurden.

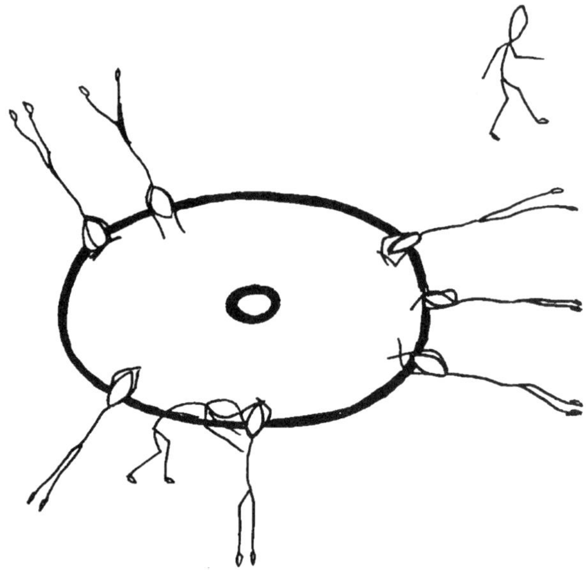

Literaturverzeichnis

Eckers, B.:
Bewegungserziehung mit Bierdeckeln
in: Sportpraxis, Heft 6/1991 S. 7-9

Frank, G.:
Kinder spielen mit Plastikbechern und Tennisbällen
in: Sportpraxis, Heft 4/1991 S.7

Gänsel/Ullmann:
Vorschulkinder turnen mit Behelfsgeräten
Wiesbaden 1987

Heinemann, S.:
Alternative Spiel- und Sportfeste
Lichtenau 1992

Katzenbogner, H.:
Leichtathletik macht Spaß
(Materialsammlung)
o.O 1993

Liebisch, R.:
Spielen und Fördern mit Keksdosen
in. Haltung und Bewegung, Heft 4/1993 S. 33-36

Maier, W.:
Stundenbilder für vielseitiges Bewegen an Geräten
Eckental 1989

Medler, M.:
Kinderturnen
Neumünster 1994

Mitterbauer, G.:
Papier - ein Wegwerfprodukt
mit großer Anwendungsvielfalt
in: Sportpraxis, Heft 2/1990 S. 17-18

Rusch, H.:
Sportförderunterricht
Schorndorf 1992

... 17,50
... i.V.
... 108 S. ✍ 16,50
459 3. ... Sprache ... 16 S. ✍ 17,50
971 4. Sch... Texte ... 128 S. 17,50
972 4. Sc... Richtig schreiben ✍ i.V.
973 4. Schuljahr Bd. III Lesen/Literatur begegnen ✍ i.V.
460 4. Schuljahr Bd. IV
Sprache untersuchen ✍ i.V.

Rechtschreiben
Lernwörter, Nachschriften, Diktate

890 3. Schuljahr *104 S.* ✍ 16,90
891 4. Schuljahr *70 S.* ✍ 14,50

Grundwortschatz in Nachschriften Lauf- und Büchsendiktaten

789 3. Schuljahr *94 S.* ✍ 15,90
790 4. Schuljahr *106 S.* ✍ 16,90

Die lustige Rechtschreibkartei UP

877 3. Schuljahr *110 S., A5 quer* ✍ 14,50
044 4. Schuljahr *110 S., A5 quer* ✍ 14,50

Grundwortschatz-Schülerhefte

769 Mein Wörterlexikon i. d. Grundschule
96 S., DIN A5 ✍ 5,90
990 Mein Rechtschreibregelheft
geordnet nach Rechtschreibfällen mit lustigen Lernspielen - Arbeitsheft zu einem Wörterlexikon, DIN A4, 32 S. ✍ 4,90
765 Mein Grundwortschatz 3. ✍ 4,90
in lateinischer Ausgangsschrift, 66 S.
766 Mein Grundwortschatz 4. ✍ 4,90
in lateinischer Ausgangsschrift, 72 S.

Aufsatzerziehung

836 So schreibe ich spannende Geschichten
3./4. Schuljahr, *104 S.* ✍ 16,90
843 Kreatives Schreiben, 3./4. Schuljahr
Techniken-Tipps-Schülerbeispiele zur umsetzung von thematischen und gestalterischen Impulsen ✍ 14,50
983 Spielen mit Sprache macht Spaß
78 S. Kartei DIN A5 ✍ 12,90
703 Erzählen u. Unterhalten 16,90
3./4. Schuljahr

Aufsatz/Kopierhefte

076 Band I, Erleben und Erzählen
88 S., 51 KV ✍ 15,50
077 Band II, Beobachten, Berichten, Beschreiben
80 S., 57 KV ✍ 14,90
078 Band III, Überlegen und Begründen
68 S., 37 KV 12,50

Literatur/Lesen

763 Kinder- u. Jugendliteratur lesen und erleben, 3./4. Schuljahr, *144 S.* 18,50
097 Phantasiegeschichten, 3./4. Schuljahr
Texte z. Kreativität u. Meditation, 56 S. 11,50
764 2.-4. Schuljahr, Spannende Geschichten zum Sachunterricht
z. Lesen, Vorlesen u. Nacherzählen, 64 S. 11,50

Kopierhefte

350 Lesefreude mit Märchen *58 S.* ✍ 12,90
351 Lesefreude mit Fabeln *56 S.* ✍ 12,90
352 Lesefreude mit Legenden und Sagen *56 S.* ✍ 12,90
353 Lesefreude mit Lachgeschichten und Schwänken *52 S.* ✍ 12,50
969 Lass dir Zeit *90 S.* ✍ 14,90
354 Minikrimis, 3./4. Schuljahr
Detektive sind Benni, Lu u. du, 46 S. ✍ 10,90

079 Lesen mit Lust 3 *64 S.* 12,50
080 Lesen mit Lust 4 *64 S.* 12,50
358 Mit viel Spaß fit im Lesen 3./4. *46 S.* ✍ 10,90

Gedichte/Stundenbilder

135 3./4. Schuljahr 13,90
93 Seiten, 18 Gedichte z.B. von Goethe, Krüss, Ringelnatz, Roth...

Sprachbetrachtung/Sprachlehre

187 Sprachlehre macht Spaß, 3./4. Schulj.,
92 Seiten 14,50

Fremdsprachen

962 Französisch i. d. Grundsch., *104 S.* 14,50
963 Englisch kompakt 3./4., *137 S.* 18,50
028 Audio-CD zu Englisch kompakt 19,90

974 Ready, steady, go
Spielekartei Englisch 110 S. 14,50

Heimat- und Sachunterricht

Stundenbilder

736 3. Schuljahr Band I ✍ 15,50
Kind und Gemeinschaft / Zeit / Heimatgeschichte / heimatl. Raum / Warenherstellung / Dienstleistungen, 104 S.
737 3. Schuljahr Band II ✍ 15,90
Kind und Natur / Kind und Gesundheit, 110 S.
738 4. Schuljahr Band I ✍ 17,90
Kind und Gemeinschaft / Kind und Geschichte / Kind und Raum / Warenherstellung / Dienstleistungen, 136 S.
739 4. Schuljahr Band II ✍ 16,90
Kind und Gesundheit / Kind und Wald / Kind und Tierwelt / Kind und Natur, 120 S.

Sachunterricht/Stundenbilder

743 3./4. Schuljahr Band I ✍ 17,90
Geschichte, Sozial-u. Wirtschaftslehre, verkerserziehung, 140 S.
744 3./4. Schuljahr Band II ✍ 15,90
Biologie, Erdkunde, Physik, Chemie, 108 S.

Lernzielkontrollen/Proben

797 3. Schuljahr, *64 S.* ✍ 13,50
798 4. Schuljahr, *64 S.* ✍ 13,50

Umwelterziehung/Stundenbilder

255 Umwelterziehung, 4.-6. Schj. 9,90
Lesestoffe, Kopier- u. Folienvorlagen, Lieder mit Noten zur Tonkassette

Verkehrserziehung

186 3./4. Schuljahr, *86 S.* ✍ 15,50

Kopierhefte mit Pfiff

725 3. Schuljahr Band I, *78 S.* ✍ 14,90
Gemeinschaft, Geschichte, Zeit, Raum
726 3. Schuljahr Band II, *80 S.* ✍ 14,90
Kind und Natur
727 4. Schuljahr Band I, *64 S.* ✍ 13,50
Gemeinschaft, Geschichte, Zeit, Raum
728 4. Schuljahr Band II, *64 S.* ✍ 13,50
Kind und Natur

Gesunde Ernährung

391 Reise durch das gesunde Schlaraffenland, *64 S.* ✍ 13,50

HSU kompakt

274 HSU kompakt 3 Bd. I *140 S.* ✍ 18.90
275 HSU kompakt 3 Bd. II *140 S.* ✍ 18,90
276 HSU kompakt 4 Bd. I ✍ i.V.
277 HSU kompakt 4 Bd. II ✍ i.V.

Projektunterricht

993 Projektideen zum Sachunterricht *64 S.* ✍ 13,50
287 Unser eigenes Thema 3./4 *70 S.* ✍ 14,50

Rund ums Jahr
Feste und Gedenktage

364 Frühling u. Sommer, Bd. I, *120 S.* 16,90
365 Herbst u. Winter, Bd. II, *120 S.* 16,90

Brauchtum 2.-4. Schuljahr

169 Brauchtum und Feste im (Kirchen-) Jahr, Band I 15,50
Erntedankfest bis Hl. Drei Könige 17 StB, 9 AB, 3 FV, 134 S.
170 Brauchtum und Feste im (Kirchen-) Jahr, Band II 14,90
Vom Fasching bis zu den Sommerfeiertagen, 13 StB, 29 AB, 122 S.

Kath. Religion

Stundenbilder

155 3. Schulj., *116 S., 20 StB, 14 FV* 15,50
156 4. Schulj., *138 S.* ✍ 18,90

Ethik

264 3. Schuljahr ✍ i.V.
265 4. Schuljahr *144 S.* ✍ 18,90
794 Kurzgeschichten zum Ethikunterricht
3./4. Schuljahr 9,90
44 Themenvorschläge, Denkanstöße und Diskussionsschwerpunkte, 50 S.

✍ = Neue Rechtschreibung